Inglés
PARA EL VIAJERO

geoPlaneta ◯

geoPlaneta
Av. Diagonal 662-664. 08034 Barcelona
viajeros@lonelyplanet.es
www.geoplaneta.com · www.lonelyplanet.es

Lonely Planet Publications (oficina central)
Locked Bag 1, Footscray, Victoria 3011, Australia
☎ 61 3 8379 8000 · fax 61 3 8379 8111
(Oficinas también en Reino Unido y Estados Unidos)
talk2us@lonelyplanet.com.au

Inglés para el viajero
3ª edición en español – abril del 2012

Editorial Planeta, S.A.
Con la autorización para la edición en español de Lonely Planet Publications
Pty Ltd A.B.N. 36 005 607 983, Locked Bag 1, Footscray, Melbourne, VIC 3011,
Australia

ISBN: 978-84-08-00311-3
Depósito legal: B. 6.714-2012
© Textos: Lonely Planet 2012
© Edición en español: Editorial Planeta, S.A., 2012
© Fotografía de cubierta: Thomas Winz / Lonely Planet Images
Asesoramiento lingüístico, traducción y transliteración: Pilar Menéndez

Impresión y encuadernación: Gráficas Estella
Printed in Spain – Impreso en España

Reservados todos los derechos. No se permite la reproducción total o parcial de este libro, ni su
incorporación a un sistema informático, ni su transmisión en cualquier forma o por cualquier
medio, sea este electrónico, mecánico, por fotocopia, por grabación u otros métodos, sin el
permiso previo y por escrito del editor. La infracción de los derechos mencionados puede ser
constitutiva de delito contra la propiedad intelectual (Art. 270 y siguientes del Código Penal).

Diríjase a CEDRO (Centro Español de Derechos Reprográficos) si necesita fotocopiar o escanear
algún fragmento de esta obra. Puede contactar con CEDRO a través de la web www.conlicencia.
com o por teléfono en el 91 702 19 70 / 93 272 04 47.

Lonely Planet y el logotipo de Lonely Planet son marcas registradas de Lonely Planet en la Oficina
de Patentes y Marcas de EE UU y otros países. Lonely Planet no autoriza el uso de ninguna de
sus marcas registradas a establecimientos comerciales tales como puntos de venta, hoteles
o restaurantes. Por favor, informen de cualquier uso fraudulento a www.lonelyplanet.com/ip.

El papel utilizado para la impresión de este libro es cien por cien libre de cloro y está calificado
como papel ecológico.

CÓMO USAR ESTE LIBRO

Atención a los siguientes iconos:

 Frase corta
Atajos para decir lo mismo con menos palabras

 Preguntas y respuestas
Se plantean preguntas y, a continuación, las posibles respuestas

 Se buscará
Frases habituales en señales, menús, etc.

 Se oirá
Frases con las que se pueden dirigir al viajero

 Sobre el idioma
Una mirada a los entresijos de la lengua

 Sobre la cultura
Una mirada a la cultura local

Cómo leer las frases:

- Las palabras y frases en color son transcripciones fonéticas para que la pronunciación sea lo más precisa posible.
- Las listas de expresiones de los recuadros en color ofrecen opciones para completar la frase inmediatamente anterior.

Abreviaturas para escoger las palabras o frases correctas en cada caso:

f	femenino	lit	literal	sg	singular
for	formal	m	masculino		
inf	informal	pl	plural		

Sumario

PÁGINA 188

Glosario gastronómico
Guía de platos e ingredientes, para pedir comida con conocimiento de causa.

PÁGINA 199

Diccionario bilingüe
Práctico vocabulario de referencia con más de 3500 palabras.

INTRODUCCIÓN

Inglés

English in·glish

¿Quién habla inglés?

ASIA
INDIA

AMERICA
CANADÁ
ESTADOS UNIDOS
PUERTO RICO
BERMUDA
GUYANA
JAMAICA

EUROPA
REINO UNIDO
IRLANDA
MALTA

ÁFRICA
SIERRA LEONA
LIBERIA · GHANA
NIGERIA · CAMERUN
UGANDA · TANZANIA
SEYCHELLES
MALAWI · ZAMBIA
ZIMBABUE
SUAZILANDIA
BOTSUANA · LESOTO
NAMIBIA
SUDAFRICA

OCEANÍA
PAPÚA
NUEVA
GUINEA
AUSTRALIA
NUEVA
ZELANDA

Ampliamente entendido Kenia – Pakistán – Filipinas

Lengua de comunicación

No se puede negar que el inglés es, con mucho, la lengua de comunicación más usada en el mundo y que se ha convertido, de hecho, en la lengua internacional por excelencia. Su uso, además, es obligado en el mundo laboral.

Lengua franca

En nuestros días el inglés se ha ganado el estatus de "lengua franca". Así, del mismo modo que en época del Imperio Romano un viajero podía desplazarse por todo el Mediterráneo hablando latín con los

341 MILLONES
tienen inglés como
primera lengua

508 MILLONES
tienen inglés como
segunda lengua

diferentes pueblos, en la actualidad es posible viajar por todo el planeta con la certeza de poderse comunicar en inglés.

Algo de historia

El inglés es una lengua indoeuropea perteneciente, junto con el alemán, el holandés o el frisón, al grupo occidental de las lenguas germánicas, y así existe desde hace unos 1500 años. Esta lengua es el resultado de sucesivas superposiciones en las que los idiomas de los diferentes países invasores se han ido absorbiendo y mezclando hasta dar origen a una lengua híbrida con una simplificación gramatical importante, pero con un enriquecimiento de léxico inaudito.

Dificultades

Si bien la flexibilidad y la simplificación gramatical han coronado su éxito como lengua de estudio, la ortografía plantea algunas dificultades para el aprendizaje y a veces se le achaca una cierta falta de lógica y de reglas, pues el código escrito y oral apenas se corresponden. Así, mientras la pronunciación de las palabras ha ido evolucionando, la escritura ha permanecido inalterable desde hace siglos, por lo que existe un considerable desajuste entre sonido y grafía.

Préstamos del español

Gracias al descubrimiento del nuevo mundo, en 1492, de la mano de Colón, un gran número de palabras indígenas llegaron al inglés vía el español. Por ejemplo: *canyon, guerrilla, ranch, tornado...*

5 frases que hay que aprender

1 ¿A que hora abren / cierran?
What time does it open / close?
wot taim das it ou·pən / klous

Los horarios (tiendas, comidas, etc.) cambian mucho en los paises anglosajones, mejor preguntar.

2 ¿Son gratis?
Are these complimentary?
ar điis kom·pli·men·tary

Como no hay costumbre, en caso de duda, se impone preguntar.

3 ¿Cuándo es la entrada gratuita?
When is admision free?
uen is ad·mi·suən frii

Muchos museos y monumentos tienen dias de entrada libre. Hay que preguntar antes de comprar.

4 Quisiera revisar mi correo electrónico.
I'd like to check my email.
aid laik to chek mai i·mail

El inglés es una herramienta casi indispensable en el mundo de la informática.

5 ¿Tengo que reservar sitio?
Do I have to book a set?
du ai ħæv tu buuk æ siit

Más vale reservar y tratar siempre de ser lo más educado y formal posible, los ingleses lo apreciarán.

10 expresiones muy inglesas

¿Qué pasa?	What's up?	uats ap
¡Genial!	Great!	greit
¡Qué guay!	How cool!	hau kul
¡Estupendo!	That's fantastic!	đats
¿En serio?	Really?	rili
¡No me digas!	You don't say!	yu dont sai
Seguro.	Sure.	shur
Vale.	OK.	o·kei
¡Por supuesto!	Of course!	of kurs
Lo que sea.	Whatever.	uat·ever

SOBRE El inglés

Pronunciación

La pronunciación inglesa para un hispanohablante no es demasiado difícil, pues muchos de los sonidos son similares a los españoles. Las consonantes no plantean mayor problema, sí en cambio las vocales, pues si el castellano cuenta solo con cinco fonemas vocálicos obvios, en inglés existe una gama vocálica muy amplia, con sonidos de carácter mixto, como por ejemplo vocales intermedias entre /e/ y /a/ o entre /o/ y /e/. El inglés cuenta con un total de 18 sonidos vocálicos, lo que hace que para un hispanohablante muchas de las diferencias sean difíciles de percibir y reproducir.

En lo que a los sonidos consonánticos se refiere, la principal diferencia radica en que las consonantes inglesas suelen ser más fuertes que las españolas, sobre todo las oclusivas –/p, b, t, d, k, g/–, que se pronuncian como si tuviera lugar una pequeña explosión en la boca.

Las sílabas átonas o no acentuadas de la palabra se pronuncian casi con la misma intensidad que la tónica o acentuada. Puesto que el inglés carece de acento gráfico, en este libro la sílaba tónica se resalta mediante cursiva.

Sonidos que no existen en lengua española

Algunos de los sonidos que en castellano no existen se han representado mediante símbolos fonéticos para indicar su pronunciación.

ŋ   representa el grupo consonántico inglés ng final. Aunque la g no se pronuncia, contamina la n con un matiz gutural. Para encontrar un sonido parecido en español se debe intentar pronunciar la palabra lengua y pararse justo antes de pronunciar la g.

đ representa una d interdental. Para reproducir este sonido hay que pronunciar una d situando la lengua entre los dientes superiores e inferiores y dejar que el aire salga de modo constante, no de golpe como suele ocurrir habitualmente con la d.

æ sonido entre a y e abierta.

ə es el sonido vocálico más común en inglés. Se trata de una vocal átona, neutra, muy corta, de sonido muy débil, casi imperceptible. Puede representarse gráficamente mediante cualquiera de las vocales. Para reproducir el sonido, hay que pronunciar la vocal a la que sustituye pero de un modo tan débil que resulte casi inaudible.

ḥ reproduce una h aspirada. Se pronuncia de manera similar a la jota española, pero bastante más suave.

v se reproduce como una b pero apoyando los dientes superiores en los labios inferiores.

sh como en Bush

Sonidos vocálicos

SÍMBOLO	EQUIVALENTE ESPAÑOL	EJEMPLO INGLÉS	PRONUNCIACIÓN
a	agua	bra, but	bra bat
e	perro	bed	bed
ə	inexistente	adept	ə·dept
æ	intermedio entre e y a	man	mæn
i	piso	bid, bee	bid bii
o	cosa	bod	bod
u	puro	good	guud

Diptongos

SÍMBOLO	EQUIVALENTE ESPAÑOL	EJEMPLO INGLÉS	PRONUNCIACIÓN
ai	aire	kind	kaind
au	causa	powder	*pau*·dər
ei	peine	pain	pein
ou	COU	go	gou
iu	ciudad	Europe	*iu*·rop
oi	hoy	toy	toi

Sonidos consonánticos

SÍMBOLO	EQUIVALENTE ESPAÑOL	EJEMPLO INGLÉS	PRONUNCIACIÓN
b	barco	big	big
ch	hacha	church	charch
d	dado	day	dei
đ	no existe	there	der
f	fiesta	for	for
g	guante	pig	pig
ħ	h aspirada	house	ħaus
k	coche	car	kar
l	luna	loud	laud
m	misa	mouse	maus
n	nada	no	nou
ŋ	lengua	moving	*mu*·viŋ
p	puerta	people	*pii*·pol
r	rojo	red	red
s	susto	sound	saund
sh	como en Bush	show, portion	show *por*·shən
t	torno	tower	ta·uər

v	no existe	very	*ve*·ri
u	huevo	water	*uo*·tər
ks	excelente	excellent	*ek*·se·lent
y	yanqui, lluvia	budget, january	*bad*·yet, *yæ*·nuə·ri
z	cereza	theatre	*zi*·ə·tər

El alfabeto

~ EL ALFABETO ~								
A	**a**	ei	**B**	**b**	bi	**C**	**c**	si
D	**d**	di	**E**	**e**	i	**F**	**f**	ef
G	**g**	yi	**H**	**h**	eich	**I**	**i**	ai
J	**j**	yei	**K**	**k**	kei	**L**	**l**	el
M	**m**	em	**N**	**n**	en	**O**	**o**	ou
P	**p**	pi	**Q**	**q**	kiu	**R**	**r**	ar
S	**s**	es	**T**	**t**	ti	**U**	**u**	iu
V	**v**	vi	**W**	**w**	*da*·bəl-iu	**X**	**x**	eks
Y	**y**	uai	**Z**	**z**	sed			

SOBRE El inglés

Gramática

Adjetivos

Los adjetivos en inglés son invariables en género y número, de modo que no están sujetos a concordancia con el sustantivo al que acompañan.

amarillo, amarilla, amarillos, amarillas	yellow *ye·lou*

Los adjetivos se suelen colocar delante del sustantivo.

un hotel fantástico	a fantastic hotel *æ fæn·tæs·tik ho·tel*
una comida barata	a cheap meal *æ chiip miil*
unos libros interesantes	some interesting books *som in·tres·tiŋ buuks*
unas chicas bonitas	some beautiful girls *som biu·ti·fol gerls*

Artículos

Determinado

El inglés tiene la particularidad de aglutinar las cuatro formas del artículo determinado español en una sola: *the*. Se puede decir, por tanto, que el artículo determinado inglés es invariable en género y número, ya que tiene la misma forma para femenino, masculino, singular y plural.

~ ARTÍCULOS ~

la casa	the house	də ḥaus
las casas	the houses	də ḥau·sis
el libro	the book	də buuk
los libros	the books	də buuks

Los nombres contables en plural no llevan artículo cuando se hace referencia a ellos en sentido general.

Los ordenadores son caros. Computers are expensive.
kom·*piu*·tərs ar iks·*pæn*·siv

The computers are expensive.
də kom·*piu*·tərs ar iks·*pæn*·siv

Así, en la primera frase se hace referencia a los ordenadores en general, mientras que en la segunda se estaría hablando de unos ordenadores concretos, por eso se emplea el artículo determinado.

Indeterminado

El artículo indeterminado es *a/an* en inglés. También es invariable en género y carece de plural. Para expresar el plural se utilizará la forma *some* (véase "cantidades indefinidas").

~ INDETERMINADO ~

| un chico | a boy | æ boi |
| una chica | a girl | æ gerl |

La forma a se utiliza *a* delante de palabras que empiezan por consonante y *an* delante de palabras que lo hacen por vocal.

~ INDETERMINADO ~		
una silla	a chair	æ cher
una naranja	an orange	æn o·rinch

El artículo indeterminado en inglés se usa de una manera similar al español.

Cantidades indefinidas

La forma *some* se utiliza con el significado de "un poco de, algo de..." y también delante de los sustantivos plurales en sustitución del artículo indeterminado plural castellano (unos, unas).

Se emplea en las frases afirmativas y también en las interrogativas cuando se espera una respuesta afirmativa.

Hay unas (algunas) naranjas en la nevera.	There are some oranges in the fridge. ðer ar som o·rin·chis in ðə frich
¿Quieres un poco de café?	Would you like some coffee? gud yu laik som ko·fi

Sin embargo, si la oración es interrogativa o negativa, *some* se sustituye por *any*.

¿Queda algo de leche?	Is there any milk left? is ðer e·ni milk left
	there isn't any milk left ðer isent e·ni milk left

Any puede usarse en frases interrogativas (cantidad indefinida) o negativas (en este caso expresa la ausencia de cantidad). En el caso de las frases interrogativas, a diferencia de *some*, no se espera necesariamente una respuesta afirmativa.

No hay ningún problema.	Is there any problem? is ðer e·ni pro·blem
	There isn't any problem. ðer isent e·ni pro·blem

Comparaciones

De igualdad

Para comparar dos cosas que presentan una cualidad en el mismo grado, se utiliza la fórmula *as ... as*, que sería equivalente a la expresión española "tan ... como".

Mi hermano es tan alto como el tuyo.	My brother is as tall as yours. mai *bro*·dǝr is as tol as yors

De superioridad

Para expresar que una cosa presenta una cualidad en un grado mayor que otra, se emplea la fórmula *more ... than*, que equivale a la expresión española "más ... que".

Mi coche es más rápido que el tuyo.	My car is faster than yours. mai kar is *fas*·tǝr đan yors

Si el adjetivo usado en la comparación tiene una sola sílaba, como por ejemplo *old* (viejo), no se utilizará *more* sino que se añadirá la terminación –*er* al adjetivo.

Eres mayor que yo.	You are older than me. yu ar *ol*·dǝr đan mi

La forma "mejor ... que" es irregular en español y no sigue la regla de los demás comparativos. Esto sucede también en inglés, que emplea en estos casos *better ... than*.

Canto mejor que tú.	I sing better than you. ai siŋ *be*·tǝr đan yu

De inferioridad

Del mismo modo, para expresar que una cosa presenta una cualidad en un grado menor que otra se emplea la fórmula *less ... than*, que sería equivalente a la expresión española "menos ... que".

Eres menos hablador que tu hermano.	You are less talkative than your brother. yu ar les *tol*·ka·tiv đan yor *bro*·đər

La forma "peor ... que" también es irregular en español, al igual que en inglés, que emplea en estos casos *worse ... than*.

Canto peor que tú.	I sing worse than you. ai siŋ uors đan yu

Superlativo

Las formas de superlativo (el más) se construyen con *the most*.

Este es el vestido más bonito.	This is the most beautiful dress. đis is đə most *biu*·ti·fol dres

Por último, para expresar "el mejor/el peor" se utiliza en inglés *the best/the worst*.

Es el mejor actor.	He is the best actor. hi is đə best *ak*·tər
Te deseo lo mejor.	I wish you the best. ai uish yu đə best

Conjunciones

Las principales conjunciones inglesas en función de la frecuencia de uso son las siguientes:

And equivale a "y" en español y es la conjunción coordinativa por excelencia. Se emplea para unir dos palabras, sintagmas u oraciones de la misma categoría gramatical, es decir equivalentes.

blanco y negro	black and white blæk ænd uait

Or, equivalente a "o" en español, es una conjunción disyuntiva que opone dos palabras, sintagmas u oraciones equivalentes.

lleno o vacío	full or empty
	ful or *emp*·ti

But es equivalente a "pero" en español.

Ella es rica	She is rich, but unhappy.
pero desgraciada.	shis rich bat an·*ḥæ*·pi

Because es una conjunción causal equivalente a "porque".

No podía ir a la	He couldn't go to the party
fiesta porque	because he was busy.
estaba ocupado.	ḥi *ku*·dent gou tu də *par*·ti bi·*kos*
	ḥi uos *bi*·si

Like es una conjunción modal que equivale a "como" en español.

Se comporta como si	He acts like he owns the place.
fuera el dueño.	ḥi akts laik ḥi ouns də pleis

Contracciones

Cuando en inglés aparece escrita entre dos consonantes una coma alta –un apóstrofo (')–, esta se encuentra sustituyendo un sonido que se ha omitido. En general es un desgaste que se ha producido en la lengua hablada, es el reflejo de cómo se pronuncia en la calle cotidianamente una palabra de forma más abreviada y cómoda.

~ CONTRACCIONES ~

do not – don't	dont	can not – can't	kant
I am – I'm	aim	could not – couldn't	*ku*·dent
is not – isn't	isent	would not – wouldn't	*gu*·dent

Sucede muy a menudo con el verbo *to be*.

Soy un (estudiante)	I'm a (student)
Eres un	You're a
Es un	He/she/it's a
Somos (turistas)	We're (tourists)
Sois	You're
Son	They're

Esto no se debe confundir con el genitivo sajón, que expresa posesión y en el que se añade al final del sustantivo un apóstrofo y una s.

Las llaves de Miriam.   Miriam's keys.
*mi·*riams kiis

Para más información, véase "posesivos".

Deber

Los verbos *must* y *have to* expresan la idea de obligación o deber y reciben el nombre de verbos modales. *Must* es invariable como forma verbal, no tiene formas distintas para las diferentes personas, ni tampoco singular ni plural. El verbo *to have to* + infinitivo equivale a la expresión española "tener que".

Debo irme.   I must go.
ai mast gou

Tengo que irme.   I have to go.
ai hæv tu gou

La diferencia entre los dos es que *must* se emplea para dar órdenes y para hacer que alguien o uno mismo las cumpla con un cierto compromiso.

Tiene que dejar   You must stop smoking.
de fumar.   yu mast stop *smou·*kiŋ

Por el contrario, la forma *to have* + infinitivo se utiliza para órdenes externas impuestas (leyes, normas).

El doctor dice que tengo que dejar de fumar.	The doctor says I have to stop smoking. ðə *dok*·tər seis ai ħæv tu stop *smou*·kiŋ

Cuando se usan de manera negativa, las dos formas tienen diferente significado. *Must not (musn't)* expresa prohibición, mientras que *don't have to* se emplea para indicar que algo no es necesario.

No debes escuchar las conversaciones de otra gente.	You musn't listen to other's people conversation. yu *ma*·sent *li*·sen tu o·ðərs *pii*·pol kon·vər·*sei*·shən
No tienes que escuchar el discurso si no te apetece.	You don't have to listen to the speech if you don't want to. yu dont ħæv tu *li*·sen tu ðə spiich if yu dont uon tu

Futuro

En inglés no existe un tiempo específico para expresar el futuro, pero sí existen distintos verbos y expresiones para denotarlo. El futuro se construye de forma muy simple, basta añadir entre el sujeto y el verbo presente la partícula *will*, que también aparece en su forma de contracción *'ll* para la afirmación y *won't* para la negación.

Jugaré.	I will/ I'll play. ai uil/ail plei
No jugaré.	I won't play. ai uont plei

También es posible utilizar para el futuro la partícula *shall*, que sirve como auxiliar para la primera persona del singular y del plural, mientras que *will* se emplearía para todas las demás. En inglés moderno se tiende a usar *will* para todas las personas y el valor de *shall* ha quedado reducido a los ofrecimientos.

| **¿Abro la ventana?** | Shall I open the window? |
| | shol ai ou·pən də uin·dou |

El futuro progresivo es muy frecuente en el lenguaje hablado y se forma con el presente del verbo *to be* (ser, estar) seguido del gerundio *going* más el infinitivo del verbo que se conjuga.

To be	+	going	+	infinitive
I'm		going		to dance

Voy a bailar (literalmente "estoy yendo a bailar").	I am going to dance aim goiŋ tu dans
Voy a aprender inglés.	I am going to learn English. aim goiŋ tu lern in·glish
Va a llover.	It's going to rain. its goiŋ tu rein

En inglés se da también la utilización del presente continuo con valor de futuro.

| **Comeré con Peter a las seis.** | I'm having lunch with Peter at six.
aim ḥa·viŋ lanch uiz pi·tər æt siks |

Género

Los sustantivos en inglés no tienen género, de modo que se utiliza la misma forma para el masculino y para el femenino.

profesor/profesora	teacher	*tii*·chər
niño/niña	child	chaild
amigo/amiga	friend	frend

Haber

El verbo *to have* significa "tener" y "haber". A veces también puede ser traducido por "tomar" cuando se habla de bebida o comida. Además, es el verbo auxiliar por excelencia, como en castellano, y se utiliza para formar los tiempos compuestos.

Tengo un coche nuevo.	I have a new car. ai hæv æ niu kar
He trabajado.	I have worked. ai hæv uorkt
Tomaré café.	I'll have coffee. ail hæv koːfi

A veces se refuerza la idea de posesión añadiendo el participio *got* en forma de contracción.

| **Tengo un tique.** | I have got/I've got a ticket.
aiv got æ ti·ket |

Recuérdese: el símbolo æ representa a un sonido vocálico que es intermedio entre e y a.

(Yo) Tengo	una casa	I have (I've got)	a house
(Tú) Tienes	un perro	You have (You've got)	a dog
(Él, ella, ello) Tiene	un problema	He, she, it has (He, she, it's got)	a problem
(Usted) Tiene	un hijo	You have (You've got)	a son
(Nosotros) Tenemos	la llave	We have (We've got)	the key
(Vosotros) Tenéis	el horario	You have (You've got)	the timetable
(Ellos, ellas) Tienen	la cuenta	They have (They've got)	the bill
(Ustedes) Tienen	la dirección	You have (You've got)	the address

(Yo) He	visto	I have	seen
(Tú) Has	comprado	You have	bought
(Él, ella, ello) Ha	viajado	He, she, it has	travelled
(Usted) Ha	visitado	You have	visited
(Nosotros) Hemos	alquilado	We have	rented
(Vosotros) Habéis	dormido	You have	slept
(Ellos, ellas) Han	reservado	They have	booked
(Ustedes) Han	olvidado	You have	forgotten

Impersonales

Para formar frases con un sujeto impersonal, se utiliza el pronombre *it* seguido de la forma correspondiente del verbo *to be*.

¡Es peligroso! It's dangerous!
its *dein·ye·rəs*

Hace frío. It's cold.
its kould

"Hay" se expresa con la partícula *there* seguida del verbo *to be* en singular o en plural.

Hay mucho ruido. There is a lot of noise.
ðer is æ lot of nois

Hay muchas galletas en la bandeja. There are many biscuits in the tray.
ðer ar *me·ni bis·*kits in ðə trei

Negación

Para formar frases negativas en inglés, se añaden a la frase afirmativa las partículas *do not* o su forma contraída *don't*. En la tercera persona del singular se utiliza en este caso la forma *does not/doesn't*.

Bebo.	I drink.
	ai drink
No bebo.	I don't drink.
	ai dont drink
No bebe.	He/she doesn't drink.
	ḥi/shi *da·*sent drink

En el caso de los verbos *to be* (ser, estar), *to have* (haber, tener) y los modales *can* (poder), *will* (forma de futuro) y *must* (deber) la negación se forma añadiendo directamente al verbo la partícula *not*; lo más habitual es utilizar las formas contraídas.

No tengo (pasaporte)	I haven't got (passport)
No tienes	You haven't got
No tiene	He/she/it hasn't got
No tenemos	We haven't got
No tenéis	You haven't got
No tienen	They haven't got

No entiendo (inglés)	I don't understand (English)
No entiendes	You don't understand
No entiende	He/she/it doesn't understand
No entendemos	We don't understand
No entendéis	You don't understand
No entienden	They don't understand

Orden de las palabras

Las oraciones en inglés siguen un orden básico muy parecido al del español:

sujeto (ineludible) + verbo + complemento.

El avión aterriza a las 8.	The plane lands at 8. ðə plein lænds æt eit
Ana vive en Glasgow.	Ana lives in Glasgow. a·na livs in *glas*·gou

Plurales

Por norma general, el plural en inglés se forma añadiendo una –*s* al singular, tal y como se hace en español.

un libro/dos libros	one book/two books uan buuk/chu buuks
una silla/cuatro sillas	one chair/four chairs uan cher/foor chers

Existen algunas excepciones. Por ejemplo, si la palabra en singular termina ya en –*s* (*-ss, -x, -ch, -sh*), se le añade –*es* para formar el plural.

autobús, autobuses	bus, buses bas *ba*·sis
iglesia, iglesias	church, churches charch *char*·chis
plato, platos	dish, dishes dish *di*·shis
vaso, vasos	glass, glasses glas *gla*·sis
zorro, zorros	fox, foxes foks *fok*·sis

Si el singular termina en –*y*, el plural cambiará la *-y* por *-i*, y se le añadirá –*es*.

señora, señoras	lady, ladies *lei*·di *lei*·dis

Si el singular termina en *–o*, se le añade también *–es*.

tomate, tomates   tomato, tomatoes
                        tə·*ma*·tou tə·*ma*·tous

Si termina en *–f*, esta cambia en el plural por una *-v* y se le añade *–es*.

vida, vidas   life, lives
                    laif laivs

Por último, hay algunos sustantivos que tienen plurales irregulares.

hombre, hombres   man, men
                        mæn men

mujer, mujeres   woman, women
                        uo·man *ui*·men

niño, niños   child, children
                        chaild *chil*·dren

Poder

El verbo *can* se utiliza en inglés para expresar posibilidad y capacidad, así como para pedir y dar permiso, y pedir y ofrecer cosas. Se trata de una forma invariable, de modo que se emplea la misma fórmula para todas las personas, tanto de singular como de plural. Posee una forma para el pasado, también invariable, que se utiliza además como forma cortés, por ejemplo en las preguntas.

¿Puedo salir?   Can I go out?
                      kæn ai gou aut

¿Puede tomar   Can she borrow your guide?
prestada tu guía? kæn shi *bo*·rrou yor gaid

No puedes pagar   You can't pay by credit card.
con tarjeta de crédito. yu kant pei bai *kre*·dit kard

¿Podrías alquilar un coche?	Could you rent a car? kud yu rent æ kar

La forma negativa acepta la contracción *can't*.

No puede/sabe conducir.	She can't drive. shi kant draiv

Posesivos

Los adjetivos posesivos son invariables en género y número, y muy parecidos en español. *His, her, its,* hacen referencia al género del poseedor y no de lo poseído.

su habitación (de él)	his room ḥis ruum
su habitación (de ella)	her room ḥer ruum

Its es una forma que no tiene correspondencia en castellano. Se trata de un pronombre posesivo de tercera persona de singular en el que el poseedor es neutro, no es ni masculino ni femenino.

su tapa (de la cacerola)	its lid its lid

Mi libro	My book
Tu hotel	Your hotel
Su maleta (de él)	His luggage
Su coche (de ella)	Her car
Su puerta (del coche)	Its door
Nuestro avión	Our plane
Vuestro taxi	Your taxi
Su dinero (de ellos/as)	Their money

Es mi tarjeta de crédito.	It's my credit card. its mai *kre*·dit kard

Los pronombres posesivos se forman añadiendo una –s a estos adjetivos posesivos (excepto en el caso de *my*, que cambia a *mine*, y *his*, que ya lleva la –s).

Es mío/a.	It's mine. its main
Es tuyo/a.	It's yours. its yors
Es suyo (de él)/ (de ella).	It's his/hers. its ḥis/ḥers
Es nuestro/a.	It's ours. it's *a*·uərs

De igual forma que los adjetivos, los pronombres posesivos son invariables y nunca van precedidos por el artículo.

Aquí está tu libro. ¿Dónde está el mío?	Here's your book. Where's mine? ḥiars yor buuk uers main

El inglés presenta una particularidad para expresar el posesivo: el genitivo sajón. Consiste en añadir un apóstrofo y una –s al nombre del poseedor, que va delante del objeto poseído.

el coche de mi hermano	my brother's car mai *bro*·ḍərs kar
el corazón de Paul	Paul's heart pols ḥart

Si en lugar de un poseedor se trata de varios y por lo tanto el sustantivo ya termina en –s, se pone solo el apóstrofo y no se le añade otra –s.

el libro de mis hermanas	my sisters' book mai *sis*·tərs buuk

Preguntas

Para construir una pregunta en inglés, generalmente se antepone al sujeto de la oración el verbo auxiliar *do*, que adquiere la forma *did* para el pasado.

| **Habla español.** | You speak Spanish.
yu spiik *spa*·nish |
| **¿Habla español?** | Do you speak Spanish?
du yu spiik *spa*·nish |

I/you know him.	Do I/you know him?
He/she has a car.	Does he/she have a car?
We/you/they eat meat.	Do we/you/they eat meat?

Si la frase lleva un verbo auxiliar o modal (*to be*, *can*...), este se antepone al sujeto para formar una frase interrogativa.

Habla español.	You speak Spanish. yu spiik *spa*·nish
¿Habla español?	Do you speak Spanish? du yu spiik *spa*·nish
¿Eres español?	Are you Spanish? ar yu *spa*·nish
¿Me puedes ayudar?	Can you help me? kæn yu help mi

Si la oración lleva una preposición regida por el verbo, esta se colocará al final.

| **¿De dónde eres?** | Where are you from?
uer ar yu from |

Pronombres interrogativos

¿Quién? ¿Quiénes?	Who?	ḥu
¿Quién es?	Who is it?	ḥu is it
¿Quiénes son estos hombres?	Who are those men?	ḥu ar đous men
¿Qué?	What?	uot
¿Qué está diciendo (usted)?	What are you saying?	uot ar yu se·yiŋ
¿Cuál? ¿Cuáles?	Which?	uich
¿Cuál (qué) restaurante es el más barato?	Which restaurant is the cheapest?	uich res·tə·rant is đa chii·pest
¿Cuáles (qué) platos típicos puedes recomendar?	Which local dishes do you recommend?	uich lou·kəl di·shis du yu re·kə·mend
¿Cuándo?	When?	uen
¿Cuándo sale el próximo tren?	When does the next train depart?	uen das đə nekst trein di·part
¿Dónde?	Where?	uer
¿Dónde puedo comprar tiques?	Where can I buy tickets?	uer kæn ai bai ti·kets
¿Cómo?	How?	ḥau
¿Cómo se dice esto en español?	How do you say this in Spanish?	ḥau du yu sei đis in spa·nish
¿Cuánto?	How much?	ḥau mach
¿ Cuánto cuesta?	How much is it?	ḥau mach is it
¿Cuántos? ¿Cuántas?	How many?	ḥau me·ni
¿Para cuántas noches?	For how many nights?	for ḥau me·ni naits
¿Por qué?	Why?	uai
¿Por qué está cerrado el museo?	Why is the museum closed?	uai is đə miu·siəm kloust

Pronombres personales

En inglés, a diferencia del español, es necesario emplear siempre el pronombre sujeto. Esto se debe a que las formas verbales inglesas tienen muy poca flexión, es decir, casi todas las formas verbales tienen la misma terminación, de modo que es necesario indicar el sujeto explícitamente para evitar la ambigüedad de la frase.

SINGULAR		PLURAL	
Yo	I	Nosotros	We
Tú/usted	You	Vosotros/ustedes	You
Él/ella/ello	He, she, it	Ellos/ellas	They

El pronombre *I* se escribe siempre con mayúscula. *You* aglutina las formas españolas tú, usted, vosotros, vosotras, ustedes y el significado debe extraerse del contexto. La forma *it* es de género neutro y se emplea para designar objetos y animales.

Respuestas breves

En inglés raramente se contesta una pregunta con un simple *yes* (sí) o *no* (no), pues esto se considera descortés. Por esta razón y con el fin de dar más énfasis a la frase, se añade a la partícula afirmativa o negativa una pequeña frase en la que aparecen el sujeto y el verbo (y la negación si es pertinente).

¿Eres inglés? No. Are you English? No, I'm not.
ar yu *in*·glish   no aim not

¿Tienes coche? Sí. Have you got a car? Yes, I have.
ḥæv yu got æ kar   yes ai ḥæv

¿Bailas? Sí./No. Do you dance? Yes, I do/No, I don't.
du yu dans   yes ai du/no ai dont

¿Sabes nadar? Sí./No. Can you swim? Yes, I can/No, I can't.
kæn yu suim   yes ai kæn/no ai kant

Ser, estar

El verbo *to be* se corresponde con los verbos españoles ser y estar.

INFINITIVO		PRETÉRITO		PARTICIPIO	
ser, estar		fui, era, estuve, estaba		sido, estado	
to be	tu bi	was	uos	been	biin

(Para conjugar un verbo en inglés se necesitan estos tres tiempos –infinitivo, pretérito y participio–, que además indican si se trata de un verbo regular o no. En el caso de los verbos irregulares, estas formas serán la base para su conjugación).

El verbo *to be* sirve para expresar las mismas nociones que estos dos verbos españoles y alguna añadida, como por ejemplo la edad, que en español se expresa con el verbo tener, o el tiempo atmosférico, para el que se suele usar en español el verbo hacer.

Tengo 21 años.	I am 21.
	ai am *tuen*·ti uan
Hace mucho frío.	It's very cold.
	its *ve*·ri kould

(Yo) Soy	español	I am (I'm)	spanish
(Tú) Eres	guapa	You are (you're)	beautiful
(Él, ella, ello) Es	artista	He, she, it is (he's, she's, it's)	an artist
(Usted) Es	listo	You are (you're)	clever
(Nosotros) Somos	estudiantes	We are (we're)	students
(Vosotros) Sois	jóvenes	You are (you're)	young
(Ellos, ellas) Son	traviesos	They are (they're)	naughty
(Ustedes) Son	simpáticos	You are (you're)	kind

(Yo) Estoy	bien	I am (I'm)	well
(Tú) Estás	triste	You are (you're)	sad
(Él, ella, ello) Está	enfadado	He, she, it is (he's, she's, it's)	angry
(Usted) Está	aburrido	You are (you're)	bored
(Nosotros) Estamos	cansados	We are (we're)	tired
(Vosotros) Estáis	contentos	You are (you're)	happy
(Ellos, ellas) Están	locos	They are (they're)	crazy
(Ustedes) Están	nerviosos	You are (you're)	nervous

Las formas verbales que indican que una acción se está realizando en ese momento, como por ejemplo estoy comiendo, estoy trabajando, estoy durmiendo, estoy caminando, también se forman en inglés con el verbo *to be* + gerundio.

Estoy comiendo.	I am eating. ai am *ii·*tiŋ
Te estás cayendo.	You are falling. yu ar *fo·*liŋ
Está bailando.	He/she is dancing. hi/shi is *dan·*siŋ
Estamos trabajando.	We are working. ui ar *uor·*kiŋ
Estáis viajando.	You are travelling. yu ar *tra·*və·liŋ
Están caminando.	They are walking. dei ar *uol·*kiŋ

Recuérdese: el símbolo ŋ representa el grupo consonántico ng inglés, la g no se pronuncia totalmente pero contamina un poco a la n con un matiz gutural.

Verbos

El verbo inglés, a diferencia del español, no tiene terminaciones especiales para las distintas personas, a excepción del sufijo –s, que se emplea para la tercera persona del singular en el presente del indicativo.

Juego.	I play.
	ai plei
Juegas.	You play.
	yu plei
Juega.	He/she/it plays.
	hi/shi/it pleis

Los verbos son, en general, mucho más sencillos que en español, aunque existe una larga lista de verbos irregulares.

En cuanto al infinitivo, se forma con la partícula *to* antepuesta al verbo.

comprar	to buy	tu bai
ser	to be	tu bi
ir	to go	tu gou

El presente de indicativo (en inglés no existe un modo subjuntivo específico) se forma con el infinitivo sin la partícula *to* y todas las personas son iguales excepto la tercera de singular, a la que se añade una –s. La misma forma sirve para el pretérito añadiéndole –ed al final y también para el futuro anteponiéndole *will*.

Abro	I open
	ai *ou*·pən
Abrí, abría	I opened
	ai *ou*·pənt
Abriré	I will open
	ai uil *ou*·pən

PRESENTE	PRESENT
(Yo) Compro	I buy
(Tú) Compras	You buy
(Él) Compra	He/she/it buys
(Nosotros) Compramos	We buy
(Vosotros) Compráis	You buy
(Ellos) Compran	They buy

Véanse también los verbos ser, estar, haber, tener, deber, poder.

Lo básico

Hacerse entender

Hablo un poco de inglés.	I speak a little English. ai spiik æ *li*·təl *in*·glish
¿Habla español?	Do you speak Spanish? du yu spiik *spa*·nish
¿Hay alguien que hable español?	Does anyone speak Spanish? das e·ni·uan spiik *spa*·nish
¿Me entiende?	Do you understand? du yu an·dərs·tænd
(No) Entiendo.	I (don't) understand. ai (dont) an·dərs·tænd
¿Cómo se pronuncia esta palabra?	How do you pronounce this word? ḥaū du yu prə·*nauns* ðis uord
¿Cómo se escribe 'city'?	How do you write 'city'? ḥau du yu rait *si*·ti
¿Qué significa ...?	What does ... mean? uot das ... miin
¿Puede repetirlo?	Could you repeat that? kud yu ri·*piit* dat

SE OIRÁ

Pardon?	*par*·don	¿Cómo?
No.	no	No.
Yes.	yes	Yes.

SOBRE EL IDIOMA

Palabras engañosas o *false friends*

Los *false friends* son palabras que se escriben o suenan de un modo parecido en español y en inglés, pero que tienen un significado completamente diferente. Debido a su similitud, estas palabras se utilizan a veces de manera errónea y dan origen a malentendidos. Así, *conductor* en inglés significa "director de orquesta" y nada tiene que ver con la palabra "chófer", que en inglés sería *driver*.

He aquí algunos de los casos más habituales:

I'm constipated	aim kons·ti·*pei*·tid estoy estreñido/a No "estoy constipado", que en inglés se diría *I have a cold*.
Embarrased	im·*bæ*·rrəst avergonzado No "embarazada", que en inglés es *pregnant*.
Large	laarch grande No "largo", que en inglés es *long*.
Parents	pe·rənts padres No "parientes", que en inglés es *relatives*.
Sensible	sen·si·bəl prudente, sensato No "sensible", que en inglés es sensitive.
Library	*lai*·bre·ri biblioteca No "librería", que en inglés es *bookshop*.
Actually	*æk*·tuə·li realmente No "actualmente", que en inglés es *currently*.

Números y cantidades

Números cardinales

0	zero	*si*·rou
1	one	uan
2	two	chu
3	three	zrii
4	four	foor
5	five	faiv
6	six	siks
7	seven	*se*·ven
8	eight	eit
9	nine	nain
10	ten	ten
11	eleven	i·*le*·ven
12	twelve	tuelv
13	thirteen	zer·*tiin*
14	fourteen	foor·*tiin*
15	fifteen	fif·*tiin*
16	sixteen	siks·*tiin*
17	seventeen	se·ven·*tiin*
18	eighteen	ei·*tiin*
19	nineteen	nain·*tiin*
20	twenty	*tuen*·ti
21	twenty one	*tuen*·ti uan
22	twenty two	*tuen*·ti chu
30	thirty	*zer*·ti
40	fourty	*foor*·ti

50	fifty	*fif*·ti
60	sixty	*siks*·ti
70	seventy	*se*·ven·ti
80	eighty	*ei*·ti
90	ninety	*nain*·ti
100	hundred	ḥan·dred
101	hundred and one	ḥan·dred ænd uan
102	hundred and two	ḥan·dred ænd chu
500	five hundred	faiv ḥan·dred
1000	thousand	*zau*·sen
1.000.000	million	*mi*·lion

Números ordinales

1º	first	ferst
2º	second	*se*·kond
3º	third	zerd
4º	fourth	foorz
5º	fifth	fifz

Fracciones

un cuarto	a quarter	æ *kuor*·tər
un tercio	a third	æ zerd
un medio	a half	æ ḥalf
tres cuartos	three-quarters	zrii- *kuor*·tərs
todo	all	ol
nada	none	non

Cantidades

un poquito	a little	æ *li*·təl
muchos/as	many	*me*·ni
algunos/as	some	som
más	more	mor
menos	less	les

Horas y fechas

La hora

¿Qué hora es?	What time is it? *uot taim is it*
Es (la una).	It's (one) o'clock. *its uan o·klok*
Son (las diez).	It's (ten) o'clock. *its ten o·klok*
Es la una y cuarto.	It's quarter past one. *its kuor·tər past uan*
Es la una y veinte.	It's twenty past one. *its tuen·ti past uan*
Es la una y media.	It's half past one. *its half past uan*
Es la una menos veinte.	It's twenty to one. *its tuen·ti tu uan*
Es la una menos cuarto.	It's quarter to one. *its kuor·tər tu uan*
Es temprano.	It's early. *its er·li*
Es tarde.	It's late. *its leit*
de la mañana	am *ei em*
de la tarde	pm *pi em*

Los días de la semana

lunes	Monday	*mon·dei*
martes	Tuesday	*tius·dei*
miércoles	Wednesday	*uens·dei*
jueves	Thursday	*zars·dei*

viernes	Friday	*frai*·dei
sábado	Saturday	*sa*·tər·dei
domingo	Sunday	*san*·dei

Los meses

enero	January	*ya*·niuə·ri
febrero	February	*fe*·bruə·ri
marzo	March	march
abril	April	*ei*·pril
mayo	May	mei
junio	June	yun
julio	July	yu·*lai*
agosto	August	*o*·gəst
septiembre	September	sep·*tem*·bər
octubre	October	ok·*tou*·bər
noviembre	November	nou·*vem*·bər
diciembre	December	di·*sem*·bər

Las estaciones

primavera	spring	spriŋ
verano	summer	*sa*·mər
otoño	autumn	*o*·təm
invierno	winter	*uin*·tər

Fechas

¿Qué día?	What day?	uot dei
¿Qué día es hoy?	What date is it today?	uot deit is it tu·*dei*
Es (el 18 de octubre).	It's (october the eighteenth).	its (ok·*tou*·bər ðə ei·*tiinz*)

Presente

ahora	now	nau
ahora mismo	right now	rait nau
esta tarde	this afternoon	đis *af*·tər·nuun
este mes	this month	đis monz
esta mañana	this morning	đis *mor*·niŋ
esta semana	this week	đis uiik
este año	this year	đis yiər
hoy	today	tu·*dei*
esta noche	tonight	tu·*nait*

Pasado

hace ...	... ago	... ə·*gou*
(tres) días	(three) days	(zri) deis
media hora	half an hour	ḥalf æn auər
un rato	a while	æ uail
(cinco) años	(five) years	(faiv) yiərs
ayer	yesterday	*yes*·tər·dei
ayer por la ...	yesterday ...	*yes*·tər·dei ...
tarde	afternoon	*af*·tər·nuun
noche	night	nait
mañana	morning	*mor*·niŋ
anteayer	the day before yesterday	đə dei bi·*for* *yes*·tər·dei
el mes pasado	last month	last monz
anoche	last night	last nait
la semana pasada	last week	last uiik
el año pasado	last year	last yiər
desde (mayo)	since (May)	sins (mei)

Futuro

dentro de...	in ...	in ...
(seis) días	(six) days	(siks)deis
una hora	an hour	æn auər
(cinco) minutos	(five) minutes	(faiv) *mi*·nits
un mes	a month	æ monz
... que viene	next ...	nekst ...
el mes	month	monz
la semana	week	uiik
el año	year	yiər
mañana	tomorrow	tu·*mo*·rrou
pasado mañana	the day after tomorrow	də dei *af*·tər tu·*mo*·rrou
mañana por la ...	tomorrow ...	tu·*mo*·rrou ...
tarde	afternoon	*af*·tər·nuun
noche	night	nait
mañana	morning	*mor*·niŋ
hasta (junio)	until (June)	ən·*til* (yun)

Durante el día

tarde	afternoon	*af*·tər·nuun
madrugada	dawn	doon
día	day	dei
noche	evening /night	*iv*·niŋ
mediodía	midday	*mi*·dei
medianoche	midnight	*mid*·nait
mañana	morning	*mor*·niŋ
amanecer	sunrise	*san*·rais
puesta de sol	sunset	*san*·set

En práctica

Transporte

FRASES ÚTILES

¿A qué hora es el próximo autobús	At what time's the next bus?	at uot taim das də nekst bas
Un ... billete, por favor.	One ... ticket, please.	Uan ... ti·ket, pliis
¿Me podría decir cuándo llegamos (Wimbledon)?	Can you tell me when we get to (Wimbledon)?	kæn yu tel mi uen ui get tu (uin·bəl·don)
Por favor, lléveme a esta dirección.	Please take me to this address.	pliis teik mi tu dis ə·dres
Quisiera alquilar un coche.	I'd like to hire a car.	aid laik tu ḥair æ kar

Cómo desplazarse

¿A qué hora sale/llega ... ?   At what time does the ... leave/arrive?
at uot taim das də ... liiv/ə·rraiv

barco	boat	bout
autobús	bus (city)	bas (si·ti)
autocar	bus (intercity)	bas (in·tər·si·ti)
avión	plane	plein
tren	train	trein
tranvía	tram	træm

¿A qué hora es el primer (autobús)?	At what time's the first (bus)? at uot taims ðə ferst (bas)
¿A qué hora es el primer (tren)?	At what time's the first (train)? at uot taims ðə ferst (trein)
¿A qué hora es el próximo (barco)?	At what time's the next (boat)? at uot taims ðə nekst (bout)
¿Cuánto tiempo se retrasará?	How long will it be delayed? hau loŋ uil it bi di·leid
¿Está libre este asiento?	Is this seat free? is ðis siit frii
✂ ¿Está libre?	Is it free? : is it frii
Ese es mi asiento.	That's my seat. ðats mai siit
Me gustaría bajarme en (Wimblendon)	I'd like to get off at (Wimblendon). aid laik tu get of at (uin·bəl·don)
¡Quiero bajarme aquí!	I want to get off here! ai uont tu get of hiər
Prefiero ir andando.	I'd prefer to walk there. aid pri·fer tu uolk ðer
¿Se puede ir en transporte público?	Can we get there by public transport? kæn ui get ðer bai pa·blik træns·port

Comprar billetes

| ¿Tengo que reservar? | Do I need to book? du ai niid tu buuk |

¿Cuánto cuesta?	How much is it? hau mach is it
¿Dónde puedo comprar un billete?	Where can I buy a ticket? uer kæn ai bai æ ti·ket
¿Es un viaje directo?	Is it a direct route? is it a dai·rekt rut
¿Hay servicios?	Is there a toilet? is der æ *toi*·let
¿Cuánto se tarda?	How long does the trip take? hau loŋ das də trip teik
¿Puede ponerme en la lista de espera?	Can I get a stand-by ticket? kæn ai get stænd bai ti·ket
Quisiera un asiento de pasillo.	I'd like an aisle seat. aid laik æn ail siit
Quisiera un asiento junto a la ventana.	I'd like a window seat. aid laik æ uin·dou siit
Quisiera un asiento de (no) fumadores.	I'd like a (non)smoking seat. aid laik æ non smu·kiŋ siit
Me gustaría ... mi billete.	I'd like to ... my ticket. aid laik tu ... mai ti·ket

cancelar	*cancel*	kæn·səl
cambiar	change	cheinch
recoger	collect	kə·*lekt*
confirmar	confirm	kon·*ferm*

(Dos) billetes ..., por favor.	(Two) tickets ..., please. (tu) *ti*·kets ... pliis

Comprar un billete

 ¿A qué hora sale el próximo ...?

What time is the next ...?

uot taims də nekst ...

 barco
boat
bout

 autobús
bus
bas

 tren
train
trein

 Un billete ..., por favor.

One ... ticket, please.

uan *ti*·ket ... pliis

 de ida
one-way
uan·uei

 de ida y vuelta
return
ri·tern

 Quisiera un asiento ...

I'd like a/an ... seat.

aid laik æ/æn ... siit

de pasillo
aisle
ail

  junto a la ventana
window
uin·dou

 ¿De qué andén sale?

Which platform does it depart from

uich *plæt*·form das it di·*part* from

de primera clase	1st-class	ferst klas
de segunda clase	2nd-class	se·kond klas
infantil	child's	chailds
de ida y vuelta	return	ri·tern
de estudiante	student's	stiu·dents

Un billete de ida a (Wimbledon).	A one-way ticket to (Wimbledon). æ uan·uei ti·ket tu (uin·bəl·don)

Equipaje

Mis maletas han sido dañadas/perdidas.	My luggage has been damaged/lost. mai la·gich has biin dæ·mich/lost
Mis maletas han sido robadas.	My luggage has been stolen. mai la·gich has biin stou·len
Quisiera una consigna.	I'd like a luggage locker. aid laik a la·gich lo·kər

Autobús

¿Qué autobús va a (Manchester)?	Which bus goes to (Manchester)? uich bas gous tu (man·ches·tər)
¿Dónde está la parada de autobús?	Where's the bus stop? uer is ðə bas stop

🔊 SE OIRÁ

This stop is ...	dis stop is ... Esta parada es ...
The next stop is ...	də nekst stop is ... La próxima parada es ...
It's full.	its ful Está completo
The ... is delayed/ cancelled.	də ... is di·leid/kan·selt El ... está retrasado/ cancelado.

¿Cuál es la próxima parada?	What's the next stop? uots də nekst stop
¿Puede avisarme cuando lleguemos a (Manchester)?	Please tell me when we get to (Manchester). pliis tel mi uen ui get tu (man·ches·tər)
El autobús número ...	Bus number ... bas nam·bər ...

Para números de autobuses, véase **Números y cantidades**, p. 34.

Tren

¿Qué estación es esta?	What station is this? uot stei·shən is dis
¿Cuál es la próxima estación?	What's the next station? uots də nekst stei·shən
¿Para el tren en (Manchester)?	Does this train stop at (Manchester)? das dis trein stop æt (man·ches·tər)

¿Tengo que cambiar de tren?	Do I need to change trains? du ai niid tu cheinch treins
¿Cuál es el coche para (Manchester)?	Which carriage is for (Manchester)? uich *ka*·rrich is for (*man*·ches·tər)

Barco

¿Hay chalecos salvavidas?	Are there life jackets? ar der laif *ya*·kets
¿Cómo está el mar hoy?	What's the sea like today? uots də sii laik tu·*dei*
Estoy mareado/a.	I feel seasick. ai fi il sii·sik

Taxi

Quisiera un taxi a (las nueve de la mañana).	I'd like a taxi at (9 am). aid laik æ *tak*·si æt (nain ei em)
Quisiera un taxi mañana.	I'd like a taxi tomorrow. aid laik æ *tak*·si tu·*mo*·rrou
¿Dónde está la parada de taxis?	Where's the taxi stand? uer is də *tak*·si stænd
¿Está libre este taxi?	Is this taxi free? is dis *tak*·si frii
✂ ¿Está libre?	Is it free? is dis frii
¿Cuánto es la bajada de bandera?	How much is the flag fall? hau mach is də flæg fol
Por favor, ponga el taxímetro.	Please put the meter on. pliis put də *mi*·tər on
¿Cuánto cuesta ir a ... ?	How much is it to ... ? hau mach is it tu ...

Por favor, lléveme a (esta dirección).	Please take me to (this address).	pliis teik mi tu (dis ə·dres)
✂ A ...	To ...	tu ...
¿Cuánto es en total?	How much is the final fare?	hau mach is də *fai·nəl* fer
Por favor, vaya más despacio.	Please slow down.	pliis lou daun
Por favor, espere aquí.	Please wait here.	pliis ueit hiər
¡Pare aquí!	Stop here!!	stop hiər

Para otras frases útiles, véase **Direcciones**, p. 62.

GUY MOBERLY / LONELY PLANET IMAGES ©

¿Dónde está la parada de autobús?
uer is də bas stop

Where's the bus stop?

Automóvil y motocicleta

¿Dónde se puede alquilar ...?	Where can I hire a ...? uer kæn ai hair æ ...
¿Incluye el seguro/ kilometraje?	Does that include insurance/mileage? das dat in·klud in·shu·rəns/ mi·liich
Quisiera alquilar un/una ...	I'd like to hire a/an ... aid laik tu hair æ/æn ...

todoterreno	4WD	foor da·bəl iu di
coche automático	automatic car	o·tə·mæ·tik kar
coche	manual car	mæ·niuəl kar
moto	motorbike	mo·tər·baik

¿Cuánto cuesta el alquiler por hora/día?	How much for hourly/ daily hire? hau mach for auər·li/ dei·li hair
¿Cuánto cuesta el alquiler por semana?	How much for weekly hire? hau mach for uii·kli hair
¿Se va a ... por esta carretera?	Is this the road to ... ? is dis də roud tu ...
¿Dónde hay una gasolinera?	Where's a petrol station? uers æ pe·trəl stei·shən
¿Cuál es el límite de velocidad en la ciudad?	What's the city speed limit? uots də si·ti spiid li·mit
Por favor, llene el depósito.	Please fill it up. pliis fi l it ap
Quiero (20) litros de ...	I'd like (20) litres of ... aid laik (tuen·ti) li·tərs of ...

🔍 SE BUSCARÁ

Entrance	en·trans	Acceso
Parking	par·kiŋ	Aparcamiento
Give Way	giv uei	Ceda el Paso
Detour	di·tur	Desvío
One Way	uan uei	Dirección única
Slow Down	slou daun	Frene
Toll	tol	Peaje
Danger	dein·yər	Peligro
No Parking	no par·kiŋ	Prohibido aparcar
No Entry	no en·tri	Prohibido el paso
Stop	stop	Stop
Exit Freeway	ek·sit frii·uei	Vía de acceso

Por favor, revise el nivel del aceite/agua.	Please check the oil/water. pliis chek ðə oil/uo·tər
Por favor, revise la presión de los neumáticos.	Please check the tyre pressure. pliis chek ðə tair pre·shər
¿(Durante cuánto tiempo) Puedo aparcar aquí?	(How long) Can I park here? (hau loŋ) kæn ai park hiər
Necesito un mecánico.	I need a mechanic. ai niid æ mi·kæ·nik
El coche se ha averiado (en ...).	The car has broken down (at ...). ðə kar has brou·ken daun (æt ...)
He tenido un accidente.	I had an accident. ai had æn æk·si·dənt

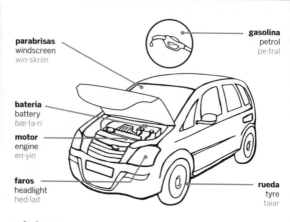

gasolina
petrol
pe·trəl

parabrisas
windscreen
win-skriin

batería
battery
bæ·tə·ri

motor
engine
en·yin

faros
headlight
hed·lait

rueda
tyre
taiər

Bicicleta

¿Se puede ir en bici?	Can we get there by bike? kæn ui get ðer bai baik
¿Dónde se puede alquilar una bicicleta?	Where can I hire a bicycle? uer kæn ai hair æ baik
¿Dónde se puede comprar una bicicleta (de segunda mano)?	Where can I buy a (secondhand) bike? uer kæn ai bai æ (se·kond·hænd) baik
¿Cuánto cuesta por un día?	How much is it per day? kwan·to kwes·ta por oon dee·a
¿Cuánto cuesta por una hora?	How much is it per hour? kwan·to kwes·ta por oo·na o·ra
Se me ha pinchado una rueda.	I have a puncture. ai hæv æ *pank*·chər

Me gustaría arreglar mi bicicleta.	I'd like to have my bicycle repaired. aid laik tu hæv mai bai·si·kəl ri·perd
¿Hay carril-bici?	Are there cycling paths? ar ðer sai·kliŋ pazs.
¿Hay aparcamiento de bicicletas?	Is there bicycle parking? is ðer bai·si·kəl par·kiŋ
¿Puedo llevar mi bicicleta en el tren?	Can I take my bike on the train? kæn ai teik mai baik on ðə trein

Cruce de fronteras

FRASES ÚTILES

Estoy aquí por ... días.	I'm here for ... days.	aim hiər for ... deis
Me estoy alojando en ...	I'm staying at ...	aim *ste·*yin æt ...
No tengo nada que declarar.	I have nothing to declare.	ai hæv *no·*zin tu di·kler

Control de pasaportes

Estoy aquí por negocios.	I'm here on business. aim hiər on *bis·*nis
Estoy aquí de vacaciones.	I'm here on holiday. aim hiər on *ho·*li·dei
Estoy aquí de paso.	I'm here in transit. aim hiər in *træn·*sit
Estoy aquí por ... días.	I'm here for ... days. aim hiər for ... deis
Estoy aquí por ... semanas.	I'm here for ... weeks. aim hiər for ... uiiks
Estoy aquí por ... meses.	I'm here for ... months. aim hiər for ... monzs
Voy a (Wimbledon).	I'm going to (Wimbledon). aim goin tu (*uin·*bəl·don)
Me estoy alojando en ...	I'm staying at ... aim *ste·*yin æt ...

🔊 SE OIRÁ

Su pasaporte, por favor.	yor *pas*·port pliis Your passport, please.
Su visado, por favor.	yor *vi*·sa pliis Your visa, please.
¿Está viajando en un grupo?	ar yu *tra*·və·liŋ in æ grup Are you travelling in a group?
¿Está viajando con familia?	ar yu *tra*·və·liŋ uiz *fæ*·mi·li Are you travelling with family?
¿Está viajando solo/a?	ar yu *tra*·və·liŋ on yor oun Are you travelling on your own?

Aduana

No tengo nada que declarar.	I have nothing to declare. ai ħæv *no*·ziŋ tu di·*kler*
Quisiera declarar algo.	I have something to declare. ai ħæv *som*·ziŋ tu di·*kler*
Eso (no) es mío.	That's (not) mine. ðats (not) main
No sabía que tenía que declararlo.	I didn't know I had to declare it. ai di·*dent* nou ai ħad tu di·*kler* it

Para frases sobre pagos y recibos, véase **Dinero y bancos**, p. 92.

Direcciones

FRASES ÚTILES

¿Dónde está ...?	Where's ...?	uers ...
¿Cuál es la dirección?	What's the address?	uots di ə·dres
¿A cuánta distancia está?	How far is it?	hau far is it

Perdón.	Excuse me. eks·kius mi
¿Perdón, puede ayudarme, por favor?	Could you help me, please? kud yu help mi pliis
¿Dónde está ...?	Where's ...? uers ...
Busco ...	I'm looking for ... aim luu·kiŋ for ...
¿Por dónde se va a ...?	Which way is ...? uich uei is ...
¿Cómo se puede ir?	How can I get there? hau kæn ai get đer
¿A cuánta distancia está?	How far is it? hau far is it
¿Cuál es la dirección?	What's the address? uots di ə·dres
¿Me lo puede indicar (en el mapa)?	Can you show me (on the map)? kæn yu shou mi (on đə mæp)

Está ...	It's ...
	its ...

detrás de ...	behind ...	bi·*haind* ...
lejos	far away	far ə·uei
aquí	here	hiər
enfrente de ...	in front of ...	in front of ...
por la izquierda	left	left
cerca	near	niər
al lado de ...	next to ...	nekst tu ...
frente a ...	opposite ...	o·*po*·sit ...
por la derecha	right	rait
todo recto	straight ahead	streit ə·*hed*
ahí	there	ðer

Doble en la esquina.	Turn at the corner.
	tarn æt ðə *kor*·nər
Doble en el semáforo.	Turn at the traffic lights.
	tarn æt ðə *træ*·fik laits
Doble a la izquierda/ derecha.	Turn left/right.
	tarn left/rait
(dos) kilómetros	(two) kilometres
	(tu) ki·lo·*mi*·tərs
(tres) metros	(three) metres
	(zrii) ·*mi*·tərs
(seis) minutos	(six) minutes
	(siks) *mi*·nits
en autobús	by bus
	bai bas
en taxi	by taxi
	bai *tak*·si
en tren	by train
	bai trein

EN PRÁCTICA · DIRECCIONES

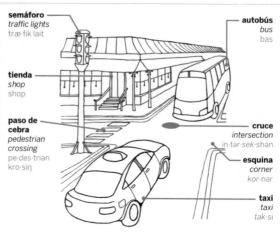

semáforo
traffic lights
træ·fik lait

tienda
shop
shop

paso de cebra
pedestrian crossing
pe·des·trian kro·siŋ

autobús
bus
bas

cruce
intersection
in·tər·sek·shən

esquina
corner
kor·nər

taxi
taxi
tak·si

a pie	on foot
	on fuut
avenida	avenue
	æ·ve·niu
callejón	lane
	lein
calle	street
	striit

Para localizaciones y direcciones, véase el **Diccionario**.

Alojamiento

FRASES ÚTILES

¿Dónde hay un hotel?	Where's a hotel?	uers æ ho·*tel*
¿Tiene una habitación doble?	Do you have a double room?	du yu hæv æ *da*·bəl ruum
¿Cuánto cuesta por noche?	How much is it per night?	hau mach is it per nait
¿El desayuno está incluido?	Is breakfast included?	is *brek*·fəst in·*klu*·did
¿A qué hora hay que dejar libre la habitación?	What time is check out?	uot taim is chek aut

Buscar alojamiento

¿Dónde hay un/una ...? Where's a ...?
uers æ ...

pensión con desayuno	bed & breakfast	bed ænd *brek*·fəst
zona de acampada	camping ground	*kæm*·piŋ graund
pensión	guesthouse	*gest*·haus
hotel	hotel	ho·*tel*
albergue juvenil	youth hostel	yuz *hos*·tel

¿Puede recomendar algún sitio (barato)?	Can you recommend somewhere (cheap)? kæn yu *re*·kə·mend *som*·uer (chiip)
¿Puede recomendar algún sitio (cercano)?	Can you recommend somewhere (nearby)? kæn yu *re*·kə·mend *som*·uer (*niər*·bai)
¿Puede recomendar algún sitio (de lujo)?	Can you recommend somewhere (luxurious)? kæn yu *re*·kə·mend *som*·uer (lak·*siu*·riəs)
¿Cuál es la dirección?	What's the address? uots də ə·*dres*

Para más información sobre cómo ir a algún lugar, véase **Direcciones** (p. 62).

Reservas y registros

Quisiera reservar una habitación.	I'd like to book a room, please. aid laik tu buuk æ ruum pliis

✂ ¿Hay habitaciones?	Are there rooms?	ar ðer ruums

He hecho una reserva.	I have a reservation. ai hæv æ re·sər·*vei*·shən
Me llamo ...	My name's ... mai neims ...
Por (tres) noches/semanas.	For (three) nights/weeks. for (zrii) naits/uiiks
Desde (el 2 de julio) hasta (el 6 de julio).	From (July 2) to (July 6). from (yu·*lai* də se·kond) tu (yu·*lai* də siksz)

◀)) : **SE OIRÁ**

I'm sorry, we're full.	aim *so*·rri ui ar ful
	Lo siento, está completo.
For how many nights?	for hau *me*·ni naits
	¿Por cuántas noches?
Your passport, please.	yor *pas*·port pliis
	Su pasaporte, por favor.

¿Necesito pagar por adelantado?	Do I need to pay upfront?
	du ai niid tu pei ap·*front*
¿Ofrecen descuentos (por larga estancia)?	Do you offer (long-stay) discounts?
	du yu o·*fer* (loŋ-stei) dis·*kaunts*
¿El desayuno está incluido?	Is breakfast included?
	is *brek*·fəst in·*klu*·did
¿Hay aparcamiento?	Is there parking?
	is đer *par*·kiŋ
¿Cuánto cuesta por noche/semana?	How much is it per night/week?
	hau mach is it per nait/uiik
¿Cuánto cuesta por persona?	How much is it per person?
	hau mach is per *per*·son
¿Puedo pagar con tarjeta de crédito?	Can I pay by credit card?
	kæn ai pei bai *kre*·dit kard
¿Puedo pagar con cheques de viajero?	Can I pay by travellers cheque?
	kæn ai pei bai *tra*·və·lers chek

Para más métodos de pago, véase **Dinero y bancos**, p. 92.

¿Tiene una habitación doble?	Do you have a double room?
	du yu hæv æ *da*·bəl ruum

Buscar habitación

¿Tiene una habitación ... ?
Do you have a ... room?
du yu hæv æ ... ruum

 doble double *da·bəl*

 individual single *sin·gəl*

¿Cuánto cuesta por ...?
How much is it per ...?
hau mach is it per ...

 noche night nait

 persona person *per·son*

¿El desayuno está incluido?
Is the breakfast included?
is *brek·*fəst in·*klu·*did

¿Puedo verla?
Can I see the room?
kæn ai sii də ruum

Me la quedo.
I'll take it.
ail teik it

No me la quedo.
I won't take it.
ai uont teik it

¿Tiene una habitación individual?	Do you have a single room? du yu hæv æ *sin*·gəl ruum
¿Tiene una habitación con dos camas?	Do you have a twin room? du yu hæv æ tuin ruum
¿Tiene una habitación con/sin ...?	Do you have a room with/without (a) ...? du yu hæv æ ruum uiz/ui·*zaut* (æ) ...
¿Puedo verla?	Can I see it? kæn ai sii it
Vale, la alquilo.	It's fine, I'll take it. its fain ail teik it

Peticiones y preguntas

¿Cuándo/Dónde se sirve el desayuno?	When/Where's breakfast served? uen/uers *brek*·fəst servt
Por favor, despiérteme a (las siete).	Please wake me at (seven). pliis ueik mi æt (*se*·ven)
¿Puede darme otro/a ...?	Can I get another ...? kæn ai get ə·*no*·dər ...
¿Puedo usar ...?	Can I use the ...? kæn ai ius ðə ...

internet	internet	in·tər·*net*
la cocina	kitchen	*ki*·chen
la lavandería	laundry	*laun*·dri
el teléfono	telephone	*te*·le·foun

¿Hay ...?	Is there a/an ...? is ðer æ/æn ...

EN PRÁCTICA ALOJAMIENTO

ascensor	lift (elevator)	lift (*el·i·vei·tər*)
tablón de anuncios	message board	*me·sich* bord
una caja fuerte	safe	seif
piscina	swimming pool	*sui·miŋ* puul

¿Aquí organizan recorridos?	Do you arrange tours here? du yu ə·*rreinch* turs hiər
¿Aquí cambian dinero?	Do you change money here? du yu cheinch *mo·*ni hiər
¿Tiene algún mensaje para mí?	Is there a message for me? is đer æ *me·*sich for mi
Cerré la puerta y se me olvidaron las llaves dentro.	I'm locked out of my room. aim lokt aut of mai ruum
La puerta (del baño) está cerrada con llave.	The (bathroom) door is locked. đə (*baz·*ruum) door is lokt
No hace falta cambiar las sábanas.	There's no need to change my sheets. đers nou niid tu cheinch mai shiits

Quejas

Es demasiado ...	It's too ... its tuu ...

fría f	cold	kould
oscura f	dark	dark
clara f	light	lait
ruidosa f	noisy	*noi·*si
pequeña f	small	smol

| **No funciona ...** | The ... doesn't work. |
| | ðə ... da·sent uork |

el aire	air-	er
acondicionado	conditioning	kon·*di*·shə·niŋ
el ventilador	fan	fæn
la estufa	heater	*ḥii*·tər
el retrete	toilet	*toi*·let
la ventana	window	*uin*·dou

Este/Esta ... no está limpio/a.	This ... isn't clean. dis ... isent kliin
No hay agua caliente.	There's no hot water. ðers no ḥot *uo*·tər

Llaman a la puerta

¿Quién es?	Who is it? ḥu is it
Un momento.	Just a moment. yast æ *mou*·ment
Adelante.	Come in. kam in
¿Puede volver más tarde, por favor?	Can you come back later, please? kæn yu kam bæk *lei*·tər pliis

Salida del hotel

¿A qué hora hay que dejar libre la habitación?	What time is check out? uot taim is chek aut
¿Cuánto más cuesta quedarse hasta (las 18.00)?	How much extra to stay until (6 o'clock)? ḥau mach eks·tra tu stei an·til (siks o·klok)
¿Puedo dejar la habitación más tarde?	Can I have a late check out? kæn ai ḥæv æ leit chek aut

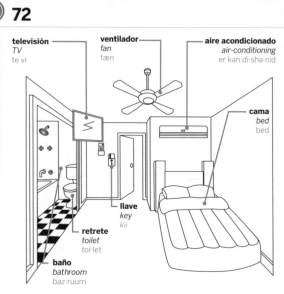

televisión
TV
te vi

ventilador
fan
fæn

aire acondicionado
air-conditioning
er·kən·di·shə·nid

cama
bed
bed

llave
key
kii

retrete
toilet
toi·let

baño
bathroom
baz·ruum

¿Puedo dejar las maletas aquí?	Can I leave my bags here? kæn ai liiv mai bægs hiər
Hay un error en la cuenta.	There's a mistake in the bill. đers æ mis·teik in đə bil
Me voy ahora.	I'm leaving now. aim lii·viŋ nau
¿Me puede pedir un taxi (para las 11.00)?	Can you call a taxi for me (for 11 o'clock)? kæn yu kol æ tak·si for mi for (i·le·ven o·klok)
¿Me puede dar mi depósito, por favor?	Could I have my deposit, please? kud ai hæv mai di·po·sit pliis

¿Me puede dar mi pasaporte, por favor?	Could I have my passport, please? kud ai ḥæv mai *pas*·port pliis
¿Me puede dar mis objetos de valor, por favor?	Could I have my valuables, please? kud ai ḥæv mai *va*·liue·bəls pliis
Volveré el (martes).	I'll be back on (Tuesday). ail bi bæk on (*tius*·dei)
Volveré en (tres) días.	I'll be back in (three) days. ail bi bæk in (zrii) deis
He tenido una estancia muy agradable, gracias.	I had a great stay, thank you. ai ḥad æ greit stei zank yu
Han sido estupendos.	You've been terrific. yuv biin te·*rri*·fik

¿*Dónde hay un hotel?*
uers æ ḥo·*tel*
Where's a hotel?

JEAN-MARC CHARLES / AGE FOTOSTOCK ©

Se lo recomendaré a mis amigos.	I'll recommend it to my friends. ail *re*·kə·mend it tu mai frends

Camping

¿Dónde está el camping más cercano?	Where's the nearest camp site? uer is də *nii*·rest ... kæmp sait
¿Se puede acampar aquí?	Can I camp here? kæn ai kæmp hiər
¿Se puede aparcar al lado de la tienda?	Can I park next to my tent? kæn ai park nekst tu mai tent
¿Tiene ... ?	Do you have ...? du yu hæv

electricidad	electricity	i·lek·*tri*·si·ti
duchas	shower facilites	*sha*·uer fa·*si*·li·tis
un sitio	a site	æ sait
tiendas para alquilar	tents for hire	tents for hair

¿Cuánto vale por ...?	How much is it per ...? hau mach is it per ...

caravana	caravan	*kæ*·rə·væn
persona	person	*per*·son
tienda	tent	tent
vehículo	vehicle	*ve*·i·kəl

¿Se puede beber el agua?	Is the water drinkable? is də *uo*·tər *drin*·kə·bəl

Estoy buscando las duchas más cercanas.	I'm looking for the nearest showers. aim luu·kiŋ for də *nii*·rest *sha*·uers
Estoy buscando los servicios más cercanos.	I'm looking for the nearest toilet block. aim luu·kiŋ for də *nii*·rest *toi*·let blok
¿Me puede prestar ...?	Could I borrow ...? kud ai *bo*·rrou ...

Para utensilios culinarios, véase **Comprar y cocinar** (p. 186) y el **Diccionario**.

Alquilar

¿Tiene un/una ... para alquilar?	Do you have a/an ... for rent? du yu hæv æ/æn ... for rent

piso	apartment	ə·*part*·ment
cabaña	cabin	*ka*·bin
casa	house	haus
habitación	room	ruum
chalet	villa	*vi*·la

amueblado/a	furnished *fer*·nisht
semiamueblado/a	partly furnished *part*·li *fer*·nisht
sin amueblar	unfurnished an·*fer*·nisht

Alojamiento en casas particulares

¿Me puedo quedar en su/tu casa?	Can I stay at your place? kæn ai stei æt yor pleis
Gracias por su/tu hospitalidad.	Thanks for your hospitality. zanks for yor hos·pi·ta·li·ti
Tengo mi propio colchón.	I have my own mattress. ai hæv mai oun ma·tres
Tengo mi propio saco de dormir.	I have my own sleeping bag. ai hæv mai oun slii·pin bæg
¿Puedo traer algo para la comida?	Can I bring anything for the meal? kæn ai brin e·ni·zin for də miil
¿Puedo usar su/tu teléfono?	Can I use your telephone? kæn ai ius yor te·le·foun
¿Puedo ayudar?	Can I help? kæn ai help
¿Puedo poner/quitar la mesa?	Can I set/clear the table? kæn ai set/kli·ər də tei·bəl
¿Puedo lavar los platos?	Can I do the dishes? kæn ai du də di·shis
¿Puedo sacar la basura?	Can I take out the rubbish? kæn ai teik aut də ra·bish

Para felicitar al cocinero o la cocinera, véase **Comer fuera** (p. 166).

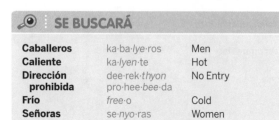

SE BUSCARÁ

Caballeros	ka·ba·lye·ros	Men
Caliente	ka·lyen·te	Hot
Dirección prohibida	dee·rek·thyon pro·hee·bee·da	No Entry
Frío	free·o	Cold
Señoras	se·nyo·ras	Women

De compras

FRASES ÚTILES

Quisiera comprar ...	I'd like to buy ...	aid laik tu bai ...
¿Puedo verlo?	Can I look at it?	kæn ai luuk æt it
¿Me lo puedo probar?	Can I try it on?	kæn ai trai it on
¿Cuánto cuesta?	How much?	ḥau mach is đis
Es muy caro.	That's too expensive.	đats tu iks·*pæn*·siv

Dónde ...

¿Dónde hay un (super)mercado?	Where's a (super)market? uers æ su·pər·*mar*·kit
¿Dónde hay una tienda de artículos de camping?	Where's a camping store? uers æ *kæm*·piŋ stor
¿Dónde puedo comprar productos/recuerdos de la región?	Where can I buy locally produced goods/souvenirs? uer kæn ai bai *lou*·kə·li pro·*diust* guuds/*su*·və·nirs
¿Dónde puedo comprar ...?	Where can I buy ...? uer kæn ai bai ...

Para más información sobre tiendas y cómo llegar, véase **Direcciones** (p. 62) y el **Diccionario**.

Hacer una compra

¿Cuánto cuesta esto?	How much is this? hau mach is dis
✂ **¿Cuánto cuesta?**	How much? hau mach
Quisiera comprar ...	I'd like to buy ... aid laik tu bai ...
Solo estoy mirando.	I'm just looking. aim yast *luu*·kiŋ
¿Puedo verlo?	Can I look at it? kæn ai luuk æt it
¿Tiene otros?	Do you have any others? du yu hæv o·ðərs
¿De qué está hecho?	What is this made from? de ke es·ta e·cho
¿Aceptan tarjetas de crédito/débito?	Do you accept credit/ debit cards? du yu ək·*sept* kre·dit/ de·bit kards
¿Podría darme una bolsa, por favor?	Could I have a bag, please? kud ai hæv æ bæg pliis
¿Podría darme un recibo, por favor?	Could I have a receipt, please? kud ai hæv æ ri·*sipt* pliis
✂ **El recibo, por favor.**	Receipt, please. ri·*sipt* pliis

No necesito bolsa, gracias.	I don't need a bag, thanks. ai dont niid æ bæg zanks
¿Puede escribir el precio?	Can you write down the price? kæn yu rait daun ðə prais

◄)) ⋮ SE OIRÁ

Can I help you?	kæn ai help yu
	¿En qué le puedo servir?
I don't have any.	ai dont hæv e·ni
	No tengo.
Anything else?	e·ni·ziŋ els
	¿Algo más?

¿Me lo podría envolver?	Could I have it wrapped?
	kud ai hæv it rapt
¿Tiene garantía?	Does it have a guarantee?
	das it hæv æ gæ·rən·tii
¿Puedo recogerlo más tarde?	Can I pick it up later?
	kæn ai pik it ap lei·tər
¿Pueden enviarlo por correo a otro país?	Can I have it sent overseas?
	pwe·den en·vee·ar·lo por ko·re·o a o·tro pa·ees
Está defectuoso.	It's faulty.
	its fol·ti
Quisiera mi cambio, por favor.	I'd like my change, please.
	aid laik mai cheinch pliis
Quisiera que me devuelva el dinero, por favor.	I'd like my money back, please.
	aid laik mai mo·ni bæk
Quisiera devolver esto, por favor.	I'd like to return this, please.
	aid laik tu ri·tern dis

Regatear

Es muy caro.	That's too expensive.
	dats tu iks·pæn·siv
¿Tiene algo más barato?	Do you have something cheaper?
	du yu hæv som ziŋ chii·pər

Hacer una compra

Quisiera comprar ...
I'd like to buy ...
aid laik tu bai ...

¿Cuánto cuesta esto?
How much is it?
hau mach is it

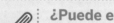

o

¿Puede escribir el precio?
Can you write down the price?
kæn yu rait daun də prais

¿Aceptan tarjetas de crédito?
Do you accept credit cards?
du yu ək·sept kre·dit kards

¿Podría darme ..., por favor?
Could I have a ..., please?
kud ai hæv æ ... pliis

un recibo
receipt
ri·sipt

una bolsa
bag
bæg

🔊 SE OIRÁ

bargain hunter	bar·*gein* ḥan·tər	cazador de ofertas
rip-off	rip of	estafa
bargain	bar·*gein*	ganga
specials	*spe*·shiəls	rebajas
sale	seil	ventas

¿Podria bajar un poco el precio?	Can you lower the price? kæn yu *lo*·uər də prais
Le/Te daré …	I'll give you … ail giv yu …

Solo estoy mirando.
aim yast *luu*·kiŋ
I'm just looking.

JULIAN CASTLE / LOOP IMAGES / AGE FOTOSTOCK ©

Ropa

¿Me lo puedo probar?	Can I try it on? kæn ai trai it on
Uso la talla ...	My size is ... mai sais is ...
No me queda bien.	It doesn't fit. it *da*·sent fi t
pequeño/a	small smol
mediano/a m/f	medium *mi*·dium
grande	large larch

Para más piezas de ropa, véase el **Diccionario.** Para medidas, véase **Números y cantidades** (p. 40).

Reparaciones

¿Puede reparar mi (cámara) aquí?	Can I have my (camera) repaired here? kæn ai hæv mai *kæ*·mə·rə ri·*perd* ḥiər
¿Cuándo estarán listas mis gafas (de sol)?	When will my (sun)glasses be ready? uen uil mai (san) *gla*·sis bi *re*·di
¿Cuándo estarán listos mis zapatos?	When will my shoes be ready? uen uil mai shus bi *re*·di

Libros

¿Hay una librería (en español)?	Is there a/an (Spanish-language) bookshop? is ðer æ/æn (*spa*·nish *læn*·guich) *buuk*·shop

¿Hay una sección (en español)?	Is there a/an (Spanish-language) section? is ðer æ/æn (spa·nish læn·guich) sek·shən
(No) Me gusta/gustan ...	I (don't) like ... ai (dont) laik ...
Estoy buscando algo de ...	I'm looking for something by ... aim luu·kiŋ for sam·ziŋ bai ...

Para más información sobre libros, véase **Intereses** (p. 117).

Música y DVD

Escuché a un grupo que se llama ...	I heard a band called ... ai herd æ bænd kold ...
¿Cuál es su mejor disco?	What's their best recording? uots ðer best ri·kor·diŋ
¿Puedo escuchar esto?	Can I listen to this? kæn ai li·sen tu ðis
¿Para qué región es este DVD?	What region is this DVD for? uot ri·yiən is ðis di vi di for
Quisiera un CD/DVD.	I'd like a CD/DVD. aid laik æ si di/di vi di
¿Es una copia pirata?	Is this a pirated copy? is ðis æ pai·ri·tid ko·pi
Quisiera unos auriculares.	I'd like some headphones. aid laik sam hed·founs

Vídeo y fotografía

¿Podría imprimir fotos digitales?	Can you print digital photos? kæn yu print di yi təl fou·tous
¿Podría pasar las fotos de mi cámara a un compact?	Can you transfer my photos from camera to CD? kæn yu trans·fər mai fou·tous from kæ·mə·rə tu si di

SOBRE LA CULTURA **Literatura inglesa**
Shakespeare es motivo de adoración por parte de los ingleses. No es para menos, ya que no solo supo dar a la literatura inglesa proyección universal, sino que además es el padre del inglés moderno. En Londres se puede visitar The Globe, un teatro dedicado a su obra en el que se puede asistir a alguna representación.

¿Cuánto cuesta revelar este carrete?	How much is it to develop this film? ḥau mach is it tu *de*·ve·loup ðis film
¿Tiene diapositivas?	Do you have slide film? du yu ḥæv slaid film
Necesito un cable para conectar mi cámara al ordenador.	I need a cable to connect my camera to a computer. ai niid æ *kei*·bəl tu kə·*nek* mai *kæ*·mə·rə tu æ kəm·*piu*·tər
Necesito un cable para recargar esta batería.	I need a cable to recharge this battery. ai niid æ *kei*·bəl tu *ri* charch ðis *bæ*·tə·ri
¿Tiene pilas para esta cámara?	Do you have batteries for this camera? du yu ḥæv *ba*·tə·ris for ðis *kæ*·mə·rə
¿Tiene tarjetas de memoria para esta cámara?	Do you have memory cards for this camera? du yu ḥæv me mə ri kards for ðis *kæ*·mə·rə
¿Tiene ... para esta cámara?	Do you have (a) ... for this camera? du yu ḥæv (æ) ... for ðis *kæ*·mə·rə

Necesito película en blanco y negro para esta cámara.	I need a B&W film for this camera. ai niid æ blæk ænd uait film for dis *kæ·mə·rə*
Necesito película en color para esta cámara.	I need a colour film for this camera. ai niid æ *ko·*lər film for dis *kæ·mə·rə*
Necesito película de sensibilidad (cuatrocientos) para esta cámara.	I need a (400) speed film for this camera. ai niid æ (foor·ḥan·dred) film for dis *kæ·mə·rə*
Necesito fotos de pasaporte.	I need a passport photo taken. ai niid æ *pas·*port *fou·*tou *tei·*ken

Comunicaciones

FRASES ÚTILES

¿Dónde hay un cibercafé cercano?	Where's the local internet cafe?	uers də *lou*·kəl in·tər·*net* ka·*fe*
Quisiera revisar mi correo electrónico.	I'd like to check my email.	aid laik tu chek mai i·meil
Quisiera enviar un paquete.	I want to send a parcel.	ai uont tu send æ *par*·səl
Quisiera una tarjeta SIM.	I'd like a SIM card.	aid laik æ sim kard

Oficina de correos

Quisiera enviar un paquete.	I want to send a parcel. ai uont tu send æ *par*·səl
Quisiera enviar una postal.	I want to send a postcard. ai uont tu send æ *poust*·kard
Quisiera comprar un sobre.	I want to buy an envelope. ai uont tu bai æn *an*·və·loup
Quisiera comprar sellos.	I want to buy stamps. ai uont tu bai stæmps
Por favor, mándelo por vía aérea/terrestre a ...	Please send it by air/surface mail to ... pliis send it bai er/*ser*·fis meil tu ...
Contiene ...	It contains ... it kon·*teins* ...

🔊 SE OIRÁ

mail box	meil boks	buzón
postcode	*poust·koud*	código postal
registered mail	*re·yis·trid* meil	correo certificado
airmail	*er·*meil	por vía aérea
express mail	eks·*pres* meil	correo urgente
customs	*kas·*təms	declaración
declaration	de·klə·*rei·*shən	de aduana
fragile	*fræ·*yail	frágil
international	in·tər·*næ·*shə·nəl	internacional
domestic	do·*mes·*tik	nacional

¿Dónde está la lista de correos?	Where's the poste restante section? uers ðə poust res·*tant* sek·shən
¿Hay alguna carta para mí?	Is there any mail for me? is ðer e·ni meil for mi

Teléfono

🅿 **¿Cuál es su/tu número de teléfono?**	What's your phone number? uots yor foun nam·bər
🆁 **El número es ...**	The number is ... ðə nam·bər is ...
¿Dónde hay una cabina telefónica?	Where's the nearest public phone? uers ðə nii·rest pa·blik foun
¿Puedo mirar la guía telefónica?	Can I look at a phone book? kæn ai luuk æt æ foun buuk
¿Cuál es el prefijo de la zona de ...?	What's the area code for ...? uots ði e·riə koud for ...

| **Cuál es el prefijo del país de ...?** | What's the country code for ...?
uots də *kaun*·tri koud for ... |

Para números de teléfono, véase **Números y cantidades**, p. 40.

| **Quiero ...** | I want to...
ai uont tu ... |

hacer una llamada a (Singapur)	make a call to (Singapore)	meik æ kol tu (sin·gə·*por*)
hacer una llamada local	make a local call	meik æ *lou*·kəl kol
una llamada a cobro revertido	a reverse-charge/ collect call	æ ri·*vers*·charch/kə·*lekt* kol
comprar una tarjeta telefónica	buy a phone card	bai æ foun kard

Está comunicando.	It's engaged. its en·*geich*
Es mala conexión.	The connection's bad. də ko·*nek*·shəns bæd
Hola.	Hello. ḥe·*lou*
¿Diga?	Hello? ḥe·*lou*
¿Está ...?	Can I speak to ...? kæn ai spiik tu ...
Soy ...	It's ... its ...
Me han cortado (la comunicación).	I've been cut off. aiv biin kat of

🔊 SE OIRÁ

Who's calling?	ḥus ko·lin	¿De parte de quién?
Who do you want to speak to?	ḥu du yu uont tu spiik tu	¿Con quién quiere hablar?
I'm sorry, he/she is not here.	aim so·rri, ḥis/shis not ḥiər	Lo siento, pero ahora no está.
Sorry, you have got the wrong number.	so·rri, yu ḥæv got ron nam·bər	Lo siento, tiene el numero equivocado.

¿Puedo dejar un mensaje?	Can I leave a message? kæn ai liiv æ me·sich
Sí, por favor, dile que he llamado.	Please tell him/her I called. pliis tel ḥim/ḥer ai kold.
Ya llamaré más tarde.	I'll call back later. ail kol bæk lei·tər

Teléfono móvil

Quisiera ...

I'd like a/an ...
aid laik æ/æn ...

un cargador para mi teléfono	charger for my phone	char·yər for mai foun
un móvil para alquilar	mobile/cell phone for hire	mo·bail/sel foun for ḥair
una tarjeta prepago	prepaid phone	pri·peid foun
una tarjeta SIM (para su red)	SIM card (for your network)	sim kard for yor net·uork

¿Cuál es la tarifa?	What are the rates? uot ar də reits

Internet

¿Dónde hay un cibercafé cercano?	Where's the local internet cafe? uers də *lou*·kəl in·tər·*net* ka·*fe*
¿Tiene acceso público a internet?	Do you have public internet access here? du yu hæv *pa*·blik in·tər·*net* æk·ses hiar
¿Hay acceso inalámbrico a internet aquí?	Is there wireless internet access here? is der uaiər·*les* in·tər·*net* æk·ses hiar
¿Puedo conectar mi ordenador portátil aquí?	Can I connect my laptop here? kæn ai kə·*nek* mai *læp*·top hiar
¿Tiene auriculares (con micrófono)?	Do you have headphones (with a microphone)? du yu hæv *hed*·founs (uiz æ *mai*·krou·foun)
Quisiera comprar una tarjeta/USB para internet móvil de prepago.	I'd like to buy a card/USB for prepaid mobile internet. aid laik tu bai æ kard/iu·es·bi for pri·*peid* mo·*bail* in·tər·*net*
¿Cuánto cuesta por hora/ página?	How much per hour/page? kwan·to kwes·ta por o·ra/ pa·khee·na
¿Cómo entro al sistema?	How do I log on? ko·mo en·tro al sees·te·ma
Se ha quedado colgado.	It's crashed. se a ke·da·do kol·ga·do

Quisiera ...	I'd like to ... aid laik tu ...	
copiar un disco	burn a CD	barn æ si di
revisar mi correo electrónico	check my email	chek mai i·meil
descargar mis fotos	download my photos	*doun* loud mai *fou*·tous
usar una impresora	use a printer	ius æ *prin*·tər
usar un escáner	use a scanner	ius æ *skæ*·nər
usar Skype	use Skype	ius skaip

He terminado.	I've finished. aiv fi *nisht*
equipo MP3	media player (MP3) mi·diə *ple*·yər (em·pi·zrii)
disco duro portátil	portable hard drive por·tei·bəl hard draiv
PSP	PSP pi·es·pi
memoria USB	USB flash drive iu·es·bi flæsh draiv

EN PRÁCTICA COMUNICACIONES

SOBRE EL IDIOMA

Internet en inglés

El inglés se ha convertido en una herramienta indispensable para las labores informáticas. Son muchos los términos informáticos que se emplean en esta lengua y, de este modo, palabras como *net, online* o *e-mail* forman parte del vocabulario cotidiano de muchos hablantes del planeta, sepan o no hablar inglés. Las direcciones de correo electrónico se escriben como en español, lo único que difiere es el nombre de sus componentes; por ejemplo arroba se llama *at* (æt), mientras que punto es *dot* (dot).

Dinero y bancos

FRASES ÚTILES

¿Cuánto cuesta esto?	How much is it?	hau mach is it
¿Cuál es el tipo de cambio?	What's the exchange rate?	uots đi eks·*cheinch* reit
¿Dónde está el cajero automático más cercano	Where's the nearest ATM?	uers đə *nii·*rest ai ti em

La cuenta

P ¿Cuánto cuesta esto?	How much is it? hau mach is it
R Son (12) euros.	It's (12) euros its (tuelv) iu·ros
R Es gratis.	It's free. its frii
Hay un error en la cuenta.	There's a mistake in the bill. đers æ mis·teik in đə bil
¿Aceptan tarjetas de crédito/débito?	Do you accept credit/ debit cards? du yu ək·sept kre·dit/ de·bit kards
¿Aceptan cheques de viajero?	Do you accept travellers cheques? du yu ək·sept tra·və·lers cheks
Quisiera mi cambio, por favor.	I'd like my change, please. aid laik mai cheinch pliis

¿Podría darme un recibo, por favor?	Could I have a receipt, please?	kud ai ḥæv a ri·*sipt* pliis

Véase también **Regatear** (p.78).

En el banco

¿Dónde puedo ...?	Where can I ...?	uer kæn ai ...
Me gustaría ...	I'd like to ...	aid laik tu ...

hacer una transferencia	arrange a transfer	ə·*rreinch* æ *trans*·fər
obtener un adelanto	get a cash advance	get æ kæsh əd·*vans*
cambiar dinero	change money	cheinch *mo*·ni
cambiar un cheque de viajero	change a travellers cheque	cheinch æ *tra*·və·lers chek
conseguir cambio para este billete	get change for this note	get cheinch for dis nout
sacar dinero	withdraw money	uiz·*drou mo*·ni

¿Dónde está el cajero automático más cercano?	Where's the nearest ATM? uers də *nii*·rest ai ti em
¿Dónde está la oficina de cambio más cercano?	Where's the nearest foreign exchange office? uers də *nii*·rest fo·*rein* eks·*cheinch* o·fis
¿Cuál es el tipo de cambio?	What's the exchange rate? uots di eks·*cheinch* reit

SE OIRÁ

You have no funds left.	yu hæv nou *mo*·ni left
	No le quedan fondos.
There's a problem with your account	ders æ *pro*·blem uiz yor ə·*kaunt*
	Hay un problema con su cuenta.
Can I see your ID, please?	kæn ai sii yor ai di pliis
	¿Puedo ver su identificación, por favor?
Please sign here.	pliis saiη hiər
	Por favor firme aquí.

¿Cuánto hay que pagar por eso?	What's the charge for that? uots də charch for dat
El cajero automático se ha tragado mi tarjeta.	The ATM took my card. di ai ti em tuuk mai kard
Me he olvidado del PIN.	I've forgotten my NPI. aiv for·*go*·ten mai enpiei
¿Ya ha llegado mi dinero?	Has my money arrived yet? has mai *mo*·ni ə·*rraivt* yet
¿Cuánto tiempo tardará en llegar?	How long will it take to arrive? hau loη uil it teik tu ə·*rraiv*

Negocios

KEY PHRASES

Asisto a un congreso.	I'm attending a conference.	aim ə·*ten*·diŋ æ *kon*·fe·rens
Tengo una cita con ...	I have an appointment with ...	ai ħæv æn ə·*point*·mənt uiz ...
¿Puede darme su tarjeta de visita?	Can I have your business card?	kæn ai ħæv yor *bis*·nis kard

Para formas de respeto y saludos, véase **Conocer gente** (p. 108).

Asisto a ...	I'm attending a ... aim ə·*ten*·diŋ æ ...

un congreso	conference	*kon*·fe·rens
un curso	course	kors
una reunión	meeting	*mii*·tiŋ
una feria de muestras	trade fair	treid fer

Estoy con mis colegas.	I'm with my colleagues. aim uiz mai ko·*liigs*
Estoy solo/a.	I'm alone. aim ə·*loun*
¿Dónde está el centro financiero?	Where's the business centre? uers də *bis*·nis *sen*·tər
¿Dónde está el congreso?	Where's the conference? uers də *kon*·fe·rens

SOBRE EL IDIOMA

Ser cortés

Mientras en castellano se usa Ud. y Uds. como formas de respeto para dirigirse a alguien mayor, desconocido o superior en rango, en inglés se utiliza siempre *you* yu. Si se quiere mostrar este respeto en inglés o dar un matiz formal al discurso, se utilizarán auxiliares del tipo *could* kud o *would* uud (p. ej. ¿Le gustaría sentarse? *Would you like to take a sit?* uud yu laik tu teik æ sit).

¿Dónde es la reunión?	Where's the meeting? uers də *mii*·tiŋ
Tengo una cita con ...	I have an appointment with ... ai hæv æn ə·*point*·mənt uiz ...
🅿 **¿Puede darme su tarjeta de visita?**	Can I have your business card? kæn ai hæv yor *bis*·nis kard
🆁 **Aquí tiene mi tarjeta de visita.**	Here's my business card. hiərs mai *bis*·nis kard
Eso fue muy bien.	That went very well. ðat uent *ve*·ri uel
Gracias por su interés/ tiempo.	Thank you for your interest/ time. zank yu for yor *in*·tres/taim
¿Vamos a tomar/comer algo?	Shall we go for a drink/meal? shal ui gou for æ drink/miil
Invito yo.	It's on me. its on mi

Turismo

FRASES ÚTILES

¿Podemos contratar un guía?	Can we hire a guide?	kæn ui hair æ gaid
¿Puedo hacer fotos?	Can I take photographs?	kæn ai teik *fou*·tou·græfs
¿A qué hora abren el museo?	When's the museum open?	uens ðə miu·*siəm ou*·pən

Peticiones y preguntas

Quisiera un/una ...   I'd like a/an ...
aid laik æ/æn ...

equipo audio	audio set	*o*·diou set
catálogo	catalogue	*kæ*·tə·log
guía turística en español	guidebook in Spanish	*gaid*·buuk in *spa*·nish
mapa (de la zona)	(local) map	(*lou*·kəl) mæp

Me gustaría ver ...   I'd like to see ...
aid laik tu sii ...

¿Tiene información sobre los lugares de interés local?   Do you have information on local sights?
du yu hæv in·for·mei·shən on lou·kəl saits

¿Tiene información sobre los lugares de interés histórico?	Do you have information on historical sights? du yu hæv in·for·*mei*·shən on his·*to*·ri·kəl saits
¿Tiene información sobre los lugares de interés religioso?	Do you have information on religious sights? du yu hæv in·for·*mei*·shən on ri·*li*·yəs saits
¿Podemos contratar un guía?	Can we hire a guide? kæn ui hair æ gaid
¿(Le/Te) Puedo hacer fotos?	Can I take photographs (of you)? kæn ai teik *fou*·tou·græfs (of yu)
Le/Te mandaré la foto.	I'll send you the photograph. ail send yu də *fou*·tou·græf
¿Me puede hacer una foto?	Could you take a photograph of me? kud yu teik æ *fou*·tou·græf of mi
¿Qué es eso?	What's that? uots dat
¿De qué época es?	How old is it? hau old is it

Accesos

¿A qué hora abren/ cierran?	What time does it open/ close? uot taim das it *ou*·pən/klous
¿Cuánto cuesta la entrada?	What's the admission charge? uots di ad·*mi*·shən charch

¿Hay descuentos para ...?	Is there a discount for ...?
	is der æ dis·*kaunt* for ...

niños	children	*chil*·dren
familias	families	*fæ*·mi·lis
grupos	groups	grups
gente mayor	older people	*ol*·dər *pii*·pol
estudiantes	students	*stiu*·dents

Galerías de arte y museos

¿A qué hora abren la galería de arte?	When's the gallery open?
	uens də *ga*·lə·ri *ou*·pən
¿A qué hora abren el museo?	When's the museum open?a
	uens də miu·*siəm ou*·pən
🅿 ¿Qué hay en la colección?	What's in the collection?
	ke ai en la ko·lek·thyon
🆁 Es una exposición de ...	It's a/an ... exhibition.
	its æ/æn ... ex·si·*bi*·shən
Me gustan las obras de ...	I like the works of ...
	ai laik də uorks of ...
Me recuerda a ...	It reminds me of ...
	it ri·*mainds* mi of ...
arte ...	... art
	art ...

gráfico	graphic	*græ*·fik
impresionista	impressionist	im·*pre*·shə·nist
modernista	modernist	*mo*·der·nist
renacentista	Renaissance	re·*ne*·sans

🔍 SE BUSCARÁ

Open	*ou·*pən	Abierto
Closed	kloust	Cerrado
No Entry	no *en·*tri	Prohibido

Circuitos

¿Organizan recorridos a pie?	Are there organised walking tours? ar ðer or·gæ·*naist* uo·kiŋ turs
Me gustaría ir a clases de cocina/idiomas.	I'd like to take cooking/language classes. aid laik tu teik *kuu·*kiŋ/*læn·*gui·chi *kla·*ses

¿Puedo hacer fotos?
kæn ai teik *fou·*tou·græfs
Can I take photographs?

MARC LLIMARGAS I CASAS ©

¿Puede recomendar algún/alguna ...?	Can you recommend a ...?
	kæn yu re·kə·mend æ ...
¿Cuándo es el/la próximo/a ...?	When's the next ...?
	uens də nekst ...

paseo en barca	boat trip	bout·trip
excursión de un día	day trip	dei·trip
excursión	excursion	iks·ker·shən
recorrido	tour	tur

¿Necesito llevar (comida)?	Do I need to take (food) with me?
	du ai niid tu teik (fuud) uiz mi ...
¿Incluye (equipo/ transporte)?	Is (equipment/transport) included?
	is (i·kuip·mənt/trans·port) in·klu·did
¿Cuánto dura el recorrido?	How long is the tour?
	hau loŋ is də tur
¿A qué hora tengo que volver?	What time should I be back?
	uot taim shud ai bi bæk
Vuelva a las ...	Be back here at ...
	bi bæk hiər æt ...
He perdido a mi grupo.	I've lost my group.
	aiv lost mai grup

Mayores y discapacitados

FRASES ÚTILES

Necesito asistencia.	I need assistance.	ai niid ə·*sis*·tans
¿Hay acceso para la silla de ruedas?	Is there wheelchair access?	is ðer *uiil*·cher ək·ses
¿Hay aseos para minusválidos?	Are there toilets for people with a disability?	ar ðer toi·ləts for *pii*·pol uiz æ di·*sei*·bi·li·ti

Soy minusválido/a.	I have a disability. ai hæv æ di·*sei*·bi·li·ti
Necesito asistencia.	I need assistance. ai niid ə·sis·tans
¿Se permite la entrada a los perros lazarillos?	Are guide dogs permitted? ar gaid dogs per·mi·tid
¿Hay acceso para la silla de ruedas?	Is there wheelchair access? is ðer uiil·cher ək·ses
¿Tiene aparcamiento para minusválidos?	Are there parking spaces for people with a disability? ar ðer par·kiŋ spei·ses for pii·pol uiz æ di·sei·bi·li·ti
¿Hay pasamanos en el baño?	Are there rails in the bathroom? ar ðer reils in ðə baz·ruum
¿Hay aseos para minusválidos?	Are there toilets for people with a disability? ar ðer toi·ləts for pii·pol uiz æ di·sei·bi·li·ti

SE BUSCARÁ

Wheelchair Entrance	*uiil*·cher en·trəns	Acceso para sillas de ruedas
Elevator/Lift	*el*·i·vei·tər/lift	Ascensor

¿Hay algun sitio donde me pueda sentar?	Is there somewhere I can sit down? is ðer *sam*·uer ai kæn sit daun
¿Me puede ayudar a cruzar la calle?	Could you help me cross this street? kud yu help mi kros ðis striit
¿Podría llamar a un taxi para minusválidos?	Could you call me a taxi for the disabled? kud yu kol mi æ *tak*·si for ðə dis·*ei*·bəl
muletas	crutches *crat*·chis
perro lazarillo	guide dog gaid dog
rampa	ramp ramp
andador	walking frame *uo*·kiŋ fræim
bastón	walking stick *uo*·kiŋ stik
silla de ruedas	wheelchair *uiil*·cher

Viajar con niños

FRASES ÚTILES

¿Se admiten niños?	Are children allowed?	ar *chil*·dren ə·*laud*
¿Hay descuento para niños?	Is there a child discount?	is ðer æ chail dis·*kaunt*
¿Hay una sala en la que cambiar el pañal al bebé?	Is there a baby change room?	is ðer æ *bei*·bi cheinch ruum

Necesito un/una ...   I need a ...
ai niid ...

asiento de seguridad para bebés/niños	baby seat	*bei*·bi siit
cuna	cot	oo·na koo·na
orinal de niños	potty	po·ti
cochecito	stroller	strou·lər

¿Vende toallitas para bebés?	Do you sell baby wipes? du yu sel *bei*·bi uaips
¿Vende pañales de usar y tirar?	Do you sell disposable nappies/diapers? du yu sel dis·*po*·sə·bəl *næ*·pis/ *daia*·pər
¿Vende leche de fórmula?	Do you sell milk formula? du yu sel milk *for*·mu·læ

¿Hay ...?	Is there a/an ...?	
	is ðer æ/æn ...	

una sala en la que cambiarle el pañal al bebé	baby change room	*bei·*bi cheinch ruum
descuento para niños	child discount	chail dis·*kaunt*
canguro de habla hispana	Spanish-speaking babysitter	*spa·*nish·*spii·*kiŋ bei·bi·*si·*tər
menú infantil	children's menu	*chil·*drens me·niu
descuento familiar	family discount	*fæ·*mi·li dis·*kaunt*
trona	highchair	ḥai·cher

¿Le molesta que dé el pecho aquí?	Do you mind if I breastfeed here? du yu maind if ai *brest·*fiid ḥiər
¿Se admiten niños?	Are children allowed? ar *chil·*dren ə·*laud*
¿Es apto para niños de ... años?	Is this suitable for ...-year-old children? is dis *su·*te·bəl for ...yiər old *chil·*dren

Si los hijos se ponen enfermos durante el viaje, véase **Salud** (p. 156).

Relacionarse

Conocer gente

FRASES ÚTILES

Me llamo ...	My name is ...	mai neim is ...
Soy de ...	I'm from ...	aim from ...
Trabajo en (la enseñanza).	I work in (education).	ai uork in ... e·diu·*kei*·shən
Tengo ... años.	I'm ... years old.	aim ... yiərs old
¿Y usted/tú?	And you?	ænd yu

Lo básico

Sí.	Yes. yes
No.	No. nou
Por favor.	Please. pliis
(Muchas) Gracias.	Thank you (very much). zank yu (*ve*·ri much)
De nada.	You're welcome. yu ar *uel*·kam
Perdón/Discúlpeme.	Excuse me. eks·*kius* mi
Lo siento.	Sorry. so·rri

Saludos

Los ingleses son muy formales en los saludos e intentan mostrarse respetuosos y educados. No es extraño que puedan reaccionar con una cierta sorpresa ante un saludo muy efusivo.

Hola.	Hello./Hi. he·*lou*/hai
Buenos días.	Good morning. guud *mor*·nin
Buenas tardes. **(hasta 20.00)**	Good afternoon. guud *af*·tər·nuun
Buenas noches.	Good evening/night. guud *iv*·nin
Hasta luego.	See you later. sii yu *lei*·tər
Adiós.	Goodbye./Bye. guud·*bai*/bai
🅿 **¿Qué tal?**	How are you? hau ar yu
🆁 **Bien, gracias.** **¿Y usted/tú?**	Fine, thanks. And you? fain zanks ænd yu
🅿 **¿Cómo se llama?**	What's your name? uots yor neim
🅿 **¿Cómo te llamas?**	
🆁 **Me llamo ...**	Mi name is ... mai neim is ...
Mucho gusto.	I'm pleased to meet you. aim pliist tu miit yu

Me gustaría presentarle/ presentarte a ...	I'd like to introduce you to ... *aid laik tu in·tro·dius yu tu ...*

✂ **Este/a es ...**	This is ...	*dis is ...*

Este/a es mi amigo/a.	This is my friend. *dis is mai frend*

Dirigirse a las personas

Mister y *Madam* se utilizan de modo cotidiano para referirse a personas adultas. *Miss* se emplea para dirigirse a mujeres jóvenes o solteras, y es menos formal que *Madam*. *Sir* tiene un uso extremadamente formal y puede ser un título nobiliario otorgado por la reina. Para más información sobre usos formales, véase **Ser cortés** (p. 96), y **Pronombres personales** (p. 32).

Señor	Mister/Mr *mis·tər*
Don	Sir *sir*
Señorita	Miss *mis*
Señora	Ms/Mrs *mi·sis*
Doña	Madam *mæ·dəm*

Entablar conversación

No es buena idea iniciar una conversación suponiendo que la persona con la que hablamos es inglesa; puede ser escocesa, galesa, irlandesa... y no sentirse halagado si se le toma por inglés.

¿Vives aquí?	Do you live here? *vee·ves a·kee*

SOBRE EL IDIOMA

Argot o 'slang'

Todas las lenguas desarrollan un estilo para conversaciones diarias entre amigos, un uso coloquial, informal, espontáneo, relajado y colorista que puede alcanzar popularidad y extenderse a escala regional, nacional o mundial o que puede fracasar y desaparecer. Esto es el argot, llamado *slang* (slaŋ) en inglés. Referirse a un amigo en *slang* será *pal, mate, marra, charver*.

¿Adónde vas?	Where are you going?	uer ar yu go·iŋ
¿Qué haces?	What are you doing?	uot ar yu du·iŋ
P ¿Estás aquí de vacaciones?	Are you here on holidays?	ar yu hiər on ho·li·dei
R Estoy aquí de vacaciones.	I'm here for a holiday.	aim hiər for æ ho·li·dei
R Estoy aquí en viaje de negocios.	I'm here on business.	aim hiər on bis·nis
R Estoy aquí estudiando.	I'm here to study.	aim hiər tu sta·di
Es (precioso), ¿no?	That's (beautiful), isn't it?	dats (biu·ti·fol), isen·tit
P ¿Cuánto tiempo se va a quedar?	How long are you here for?	hau loŋ ar yu hiər for
R Me quedaré aquí durante ... semanas/ días.	I'm here for ... weeks/days.	aim hiər for ... uiiks/deis

Nacionalidades

Muchos nombres de los países se parecen mucho en inglés y en español, así que si no se conoce la palabra, hay posibilidades de ser entendido. Para más vocabulario, véase el **Diccionario**.

P	¿De dónde es usted? ¿De dónde eres?	Where are you from? uer ar yu from
R	Soy de (España).	I'm from (Spain). aim from (spein)
R	Soy de (Argentina).	I'm from (Argentina). aim from ar·yen·*ti*·na

Edades

P	¿Cuántos años tienes?	How old are you? ḥau old ar yu
R	Tengo ... años.	I'm ... old. aim ... yiərs old
P	¿Cuántos años tiene tu hijo/hija?	How old is your son/daughter? ḥau old is yor son/dootər
R	Tiene ... años.	He's/She's ... years old. ḥis/shis ... yiərs old
	Soy más joven de lo que parezco.	I'm younger than I look. aim *yaun*·gər đan ai luuk
	¡Demasiado viejo!	Too old! tuu old

Para saber cómo decir la edad, véase **Números y cantidades** (p. 40).

🔊 SE OIRÁ

Great!	greit	¡Cojonudo!
Really?	*rii·*li	¿De veras?
Congratulations!	kon·gra·tu·la·shən	¡Enhorabuena!
That's fantastic!	đats fæn·*tæs·*tik	¡Estupendo!
You don't say!	yu dont sei	¡No me digas!
How cool!	ḥau kuul	¡Qué guay!
What's up?	uots ap	¿Qué hay?
How interesting!	ḥau *in·*tres·tiŋ	¡Interesante!

Trabajos y estudios

P ¿A qué te dedicas?	What do you do? uot du yu du
R Trabajo en (educación/ hostelería).	I work in (education/ hospitality). ai uork in e·diu·*kei·*shən ḥos·pi·tal·iti
R Soy ...	I'm a/an ... aim ...

arquitecto/a	architect	*ar·*ki·tekt
mecánico/a	mechanic	mi·*kæ·*nik
estudiante	student	*stu·*dient
profesor/ profesora	teacher	tii·chər

R Soy trabajador/ trabajadora autónomo/a.	I'm self employed. aim self im·*plo·*yəd

R **Estoy jubilado/a.**	I'm retired. aim *ri*·tairt
R **Estoy en el paro.**	I'm unemployed. aim a·nim·*ploid*
P **¿Qué estudias?**	What are you studying? uot ar yu *sta*·diiŋ
R **Estudio (idiomas).**	I'm studying (languages). aim *sta*·diiŋ (*læn*·gui·chis)
Estudio en ...	I'm studying at ... aim *sta*·diiŋ æt ...

Para saber más sobre trabajos y estudios, véase **Diccionario**.

Familia

P **¿Tiene ...?**	Do you have a ...? du yu ħæv æ ...
¿Tienes ...?	
R **(No) Tengo ...**	I (don't) have a ... ai (dont) ħæv æ ...

un hermano	brother	*bro*·dər
hijos	children	*chil*·dren
una familia	family	*fæ*·mi·li
una pareja	a partner	*part*·nər
una hermana	sister	*sis*·tər

P **¿Estás casado/a?**	Are you married? ar yu *ma*·rrid
R **Estoy casado/a.**	I'm married. aim *ma*·rrid
R **Estoy soltero/a.**	I'm single. aim *sin*·gəl
R **Vivo con alguien.**	I live with someone. i liv uiz *sam*·uan

| **R** Estoy separado/a. | I'm separated.
aim se·pə·rei·tid |

Niños

¿Vas al colegio o a la guardería?	Do you go to school or kindergarten? du yu gou tu skuul or kin·dər·gar·ten
¿En qué curso estás?	What grade are you in? uot greid ar yu in
¿Te gusta el colegio?	Do you like school? du yu laik skuul
¿Te gusta el deporte?	Do you like sport? du yu laik sport
¿Aprendes (español)?	Do you learn (Spanish)? du yu lern spa·nish
Vengo de muy lejos.	I come from very far away. ai kam from far ə·uei

Despedidas

Me ha encantado conocerte.	It's been great meeting you. its biin greit mii·tiŋ yu
¡Nos mantendremos en contacto!	Keep in touch! kiip in tach
¿Estás en Facebook?	Are you on Facebook? ar yu on feis·buuk

SOBRE EL IDIOMA Como un pulpo en el garaje

Cuando se balbucea otra lengua, es difícil mantener atento al oyente; se necesita algo de color en el discurso. Por ejemplo, con alguna de estas frases:

Es un trozo de pan.	He's/She's the best. (lit.: es el/la mejor) his/shis də best
Aunque la mona se vista de seda, mona se queda.	You can't make a silk purse out of a sow's ear. (lit.: no se puede hacer un bolso de seda de una oreja de cerdo) yu kant meik æ silk pars aut of æ sous iar
Se siente como un pulpo en un garaje.	He's/She's a fish out of water.. (lit.: está como pez fuera del agua) hi/shis æ fi sh aut of uo·tər

Si algún día visitas (España), te puedes quedar conmigo.	If you ever visit (Spain), you can stay with me. if yu e·vər vi·sit (spein) yu kæn kom ænd vi·sit stei uiz mi
🅿 **¿Cuál es tu (dirección)?**	What's your (address)? uots yor (ə·dres)
🆁 **Esta es mi ...**	Here's my... hiərs mai ...
🆁 **Esta es mi dirección.**	Here's my address. hiərs mai ə·dres
🆁 **Este es mi correo electrónico.**	Here's my email address. hiərs mai i·meil ə·dres

Para más información sobre **Direcciones** (p. 62).

Intereses

FRASES ÚTILES

¿Qué te gusta hacer en tu tiempo libre?	What do you do in your spare time?	uot du yu du in yor sper taim
¿Te gusta (viajar)?	Do you like (travelling)?	du yu laik (tra·və·liŋ)
(No) Me gusta ...	I (don't) like ...	(dont) laik ...

Intereses comunes

¿Qué te gusta hacer en tu tiempo libre?	What do you do in your spare time? uot du yu du in yor sper taim
P ¿Te gusta (viajar)?	Do you like (travelling)? du yu laik (tra·və·liŋ)
R Me gusta (cocinar).	I like (cooking). laik (kuu·kiŋ)
R No me gusta (el excursionismo).	I don't like (hiking). dont laik (hai·kiŋ)
(No) Me gusta la fotografía.	I (don't) like photography. dont laik fə·to·grə·fi
(No) Me gusta ir de compras.	I (don't) like shopping. dont laik sho·piŋ

Para más actividades, véase **Deporte** (p. 139) y **Diccionario**.

Música

¿Te gusta ...?		Do you like to ...? do yu laik to ...
ir a bailar	dance	gou tu dans
ir a conciertos	go to concerts	gou tu *kon*·serts
escuchar música	listen to music	*li*·sen tu *miu*·sik
tocar un instrumento	play an instrument	plei æn *ins*·tru·ment
cantar	sing	siŋ

JOSEP Mª OLIVERAS PUIG ©

¿Qué música te gusta?
uot *miu*·sik du yu·laik
What music do you like?

¿Qué grupos te gustan?	Which bands do you like? uot bænds du yu laik
¿Qué cantantes te gustan?	Which singers do you like? uot siŋ ər du yu laik
¿Qué música te gusta?	What *miu* sik do you like? uot *miu* sik du yu laik
música clásica	classical music *klæ*·si·kəl *miu*·sik
jazz	jazz yas
música pop	pop *miu*·sik pop
música rock	rock *miu*·sik rok
música étnica	ethnic music et·nik *miu*·sik

Cine y teatro

Tengo ganas de ir a (una comedia).	I feel like going to (a comedy). ai fi il laik goiŋ tu (æ *ko*·me·di)
¿Qué película dan en el cine (esta noche)?	What's showing at the cinema (tonight)? uots shou·iŋ æt ðə *si*·nə·ma (tu·*nait*)
¿Es en (español)?	Is it in (Spanish)? is it in *spa*·nish
¿Está doblada?	Is it dubbed? is it da·bed
¿Tiene subtítulos (en español)?	Does it have (Spanish) subtitles? das it hæv (*spa*·nish) sab·*tai*·təls

¿Has visto ...?	Have you seen ...?	hæv yu siin ...
P ¿Quién actúa?	Who's in it?	hu is in it
R Actúa ...	It stars ...	it stars...
¿Están ocupados estos asientos?	Are those seats taken?	ar ðous siits *tei*·ken
P ¿Te gustó el cine/ teatro?	Did you like the film/play?	did yu laik ðə film/plei
R Creo que estuvo excelente/bien.	I thought it was excellent/OK.	ai zot it uos *ek*·se·lent/ ou·*kei*
R Creo que fue largo.	I thought it was long.	ai zot it uos ou·*kei*
(No) Me gusta/gustan ...	I (don't) like	ai (dont) laik ...

películas de dibujos animados	animated films	ə·ni·*mei*·tid fi lms
comedia	comedy	*ko*·me·di
documentales	documentary	do·kiu·*men*·tə·ri
drama	drama	*dra*·ma
cine (español)	(Spanish) cinema	(*spa*·nish) *si*·nə·ma
cine de terror	horror movies	ho·rror *mu*·vis
cine de ciencia-ficción	sci-fi	*sai*·fai

¿Asistir a un espectáculo? Véase **Comprar un billete** (p. 51) y **Ocio** (p. 127).

Lectura

¿Qué tipo de libros lees?	What kind of books do you read? *uot kaind of buuks du yu riid*
En este viaje estoy leyendo ...	On this trip I'm reading ... *on dis trip aim rii·din ...*
¿Has leído ...?	Have you read ...? *hæv yu red ...*
P ¿Qué autor (inglés) recomiendas?	Which (English) author do you recommend? *uich (in·glish) o·zər du yu re·kə·mend*
R Recomendaría ...	I'd recommend ... *aid re·kə·mend ...*
¿Dónde puedo intercambiar libros?	Where can I exchange books? *uer kæn ai eks·cheinch buuks*

Para más información sobre libros y lecturas, véase **De compras** (p. 77).

Participación en la comunidad

Me gustaría ofrecer mis conocimientos.	I'd like to volunteer my skills. *aid laik tu va·len·tiər mai skils*
¿Hay algún programa de voluntariado en la zona?	Are there any volunteer programs available in the area? *ar der e·ni va·len·tiər prou·græms a·vei·le·bəl in də e·riə*

Sentimientos y opiniones

FRASES ÚTILES

¿Tienes/Estás ...?	Are you ...?	ar yu ...
(No) Tengo / Estoy ...	I'm (not) ...	aim not ...
¿Qué pensaste de eso?	What did you think of it?	uot did yu zink of it
Pienso que fue ...	I thought it was ...	ai zink it uos ...
¿Has oído que ...?	Did you hear about ...?	did yu hiar ə·baut...

Sentimientos

P **¿Tienes ...?**	Are you ...?	ar yu ...
R **(No) Tengo ...**	I'm (not) ...	aim (not) ...

frío	cold	kould
calor	hot	hot
hambre	hungry	hæn·gri
prisa	in a hurry	in æ ha·rri
sed	thirsty	zers·ti

| **P** ¿Estás ...? | Are you ...?
ar yu ... |
| **R** I'm (not) ... | (No) Estoy ...
aim (not) ... |

fastidiado/a	annoyed	ə·*noid*
avergonzado/a	embarrassed	im·*bæ*·rrəst
feliz	happy	ḥapi
triste	sad	sæd
cansado/a	tired	taiəd
bien	well	uel

Estoy un poco (triste).	I'm a little (sad). aim æ *li*·təl sæd
Estoy bastante (decepcionado/a).	I'm quite (disappointed). aim kuait di·sa·*poin*·tid
Me siento muy (afortunado/a).	I feel very (lucky).l ai fi il *ve*·ri *la*·ki

Para sentimientos asociados a enfermedades, véase **Salud** (p. 156).

Opiniones

P ¿Te gustó?	Did you like it? did yu laik it
P ¿Qué pensaste de eso?	What did you think of it? uot du yu zink of it
R Pienso que fue ...	I thought it was ... ai zink it uos ...

R Es ...
It's ...
its ...

bonito/a	beautiful	*biu·ti·fəl*
raro/a	bizarre	*·bi·sar*
entretenido/a	entertaining	*en·ter·tei·niŋ*
fantástico/a	excellent	*eks·se·lent*
horrible	horrible	*ho·rri·bəl*

Pienso que estaba bien.	I thought it was OK. ai zink it uos ou *kei*
Él/Ella es un trozo de pan.	He's/She's the best his/shis də best
¡No estoy de acuerdo!	I disagree! ai dis ə *grii*
Sí, pero ...	Yes, but ... yes bat ...
Whatever.	Lo que sea. uot ə ver

Política y temas sociales

P **¿A quién votas?**	Who do you vote for? hu du yu vout for
R **Apoyo al partido ...**	I support the ... party ai sə·*port* də ... *par*·ti ...
¿Has oído que ...?	Did you hear about...? did yu hiar ə·*baut* ...
¿Estás a favor de ...?	Are you in favour of ...? ar yu in *fei*·vər of ...
¿Qué piensa la gente de ...?	How do people feel about ...? hau du pii·pol fi il ə·*baut* ... ...
la economía	the economy ði i·*ko*·nə·mi

🔊 SE OIRÁ

Sure.	shur	Claro.
Of course!	of kours	¡Claro que sí!
No way!	nou uei	¡De ningún modo
Just joking.	yast *you*·kiŋ	Era broma.
It's OK.	its ou·*kei*	Está bien.
I'm OK.	aim ou·*kei*	Estoy bien.
Maybe.	*mei*·bi	Quizás.
No problem.	nou *pro*·blem	Sin problema.
Just a minute.	yast æ *mi*·nit	Un momento.
OK.	ou·*kei*	Vale.
You bet!	yu bet	¡Ya lo creo!

sistema sanitario	health care ḥelz ker	
inmigración	inmigration i·mi·*grei*·shən	
guerra en ...	war in ... uor in ...	

Medio ambiente

¿Hay aquí algún problema medioambiental?	Is there an environmental problem here? is đer æn en·*vai*·ro·*men*·təl *pro*·blem ḥiər
¿Está protegido este (bosque)?	Is this (forest) protected? is đis æ pro·*tek*·tid ... fo·rist
¿Dónde puedo reciclar esto?	Where can I recycle this? uer kæn ai ri·*sai*·kəl đis

cambio climático	climate change *klai*·mit cheinch
contaminación	pollution pə·*lu*·shən
reciclaje	recycling ri·*sai*·kliŋ

JOHNNY STOCKSHOOTER / AGE FOTOSTOCK ©

Estoy contento.
aim ḥapi
I'm happy.

Ocio

FRASES ÚTILES

¿Qué hay esta noche?	What's on tonight?	uot on tu·*nait*
¿Dónde están las discotecas?	Where are clubs?	uer ar klabs
¿Quieres que vayamos a tomar un café?	Would you like to go for a coffe?	uud yu laik tu gou for æ *ko*·fi
¿A qué hora quedamos?	What time shall we meet?	uot taim shal ui miit
¿Dónde quedamos?	Where will we meet?	uer uil ui miit

Adónde ir

¿Qué se puede hacer aquí por la noche?	What's there to do in the evenings? uots der tu du in di iv·niŋs
¿Qué hay ...?	What's on ...? uots on ...

en la zona	locally	*lou*·kə·li
este fin de semana	this weekend	dis uii·*kend*
hoy	today	tu·*dei*
esta noche	tonight	tu·*nait*

¿Dónde hay locales gays?	Where are there gay venues? uer ar gei *ve*·nius

¿Dónde hay lugares para comer?	Where are there places to eat? _uer ar plei·sis tu iit_
¿Dónde están las discotecas?	Where are the clubs? _uer ar klabs_
¿Dónde están los pubs?	Where are there pubs? _uer ar pabs_
¿Hay una guía ... de la zona?	Is there a local ... guide? _is der æ lou·kəl ... gaid_

del ocio	entertainment	en·tər·tein·ment
de cine	film	fi lm
de lugares gay	gay	gei
de música	music	_miu·sik_

Tengo ganas de ir ...	I feel like goint to a/the ... _ai fi il laik goiŋ tu æ/đə ..._

al ballet	ballet	bæ·lei
a un bar	bar	bar
a un café	cafe	ka·fe
a un concierto	concert	kon·sert
a un bar de karaoke	karaoke bar	ka·rəo·ki bar
al cine	movies	_mu·vis_
a una discoteca	nightclub	æ nait·klab
a una fiesta	party	_par·ti_
a un restaurante	restaurant	res·tə·rant
al teatro	theatre	_zi·ə·tər_

Invitaciones

¿Qué haces esta noche?	What are you doing this evening? uot ar yu duiŋ đis iv·niŋ
¿Qué haces (ahora)?	What are you up to (right now? uot ar yu ap tu (rait nau)
¿Quieres que vayamos a ...?	Would you like to go for a ...? uud yu laik tu gou for æ ...

tomar un café	coffe	*ko*·fi
tomar algo	drink	drink
comer	meal	miil
pasear	walk	uok

Me apetece ir a bailar.	I feel like going dancing. ai fi il laik goiŋ *dan*·siŋ
Me apetece salir.	I feel like going out somewhere. ai fi il laik goiŋ aut *sam*·uer
Invito yo.	My round. mai raund
¿Conoces algún buen restaurante?	Do you know a good restaurant? du yu nou æ guud res·tə·rant
¿Quieres venir conmigo al concierto (de ...)?	Do you want to come to the (...) concert with me? du yu uont tu kam tu đə (...) kon·sert uiz mi
Vamos a dar una fiesta.	We're having a party. ui ar *ha*·viŋ æ *par*·ti
¿Por qué no vienes?	Do you want to come? du yu uont tu kom

SOBRE LA CULTURA En el cine

Las películas extranjeras en los países anglopar-lantes no se doblan nunca, siempre aparecen en versión original y con subtítulos en inglés. Es interesante porque se puede ir al cine y disfrutar viendo una película en el idioma propio a la vez que se aprende algo más de inglés leyendo los subtítulos en la pantalla.

¿Estás listo/a?	Are you ready? ar yu *re*·di

Responder a invitaciones

¡Por supuesto!	Sure! shur
Me encantaría.	Yes, I'd love to. yes aid lov to
¿Adónde vamos?	Where will go? uer uil ui go
Es muy amable por tu parte.	That's very kind of you. ðats *ve*·ri kaind of yu
Lo siento pero no puedo.	No, I'm afraid I can't. no aim ə·*freid* ai kant
Lo siento, no sé cantar/bailar.	Sorry, I can't sing/dance. so·rri ai kant siŋ/dans
¿Qué tal mañana?	What about tomorrow? uot ə·*baut* tu·*mo*·rrou

🔊 SE OIRÁ

Hey!	ḥei	¡Eh, tú!
Listen (to this)!	*li·*sen tu dis	¡Escucha (esto)!
Look!	*luuk*	¡Mira!

Organizar encuentros

🅿 **¿A qué hora quedamos?**	What time shall we meet? uot taim shal ui miit
🆁 **Quedamos a las (ocho).**	Let's meet at (eight) o'clock. lets miit æt (eit) o·*klok*
🅿 **¿Dónde quedamos?**	Where will we meet? uer uil ui miit
🆁 **Quedamos en (la entrada).**	Let's meet at the (entrance). lets miit æt đi (en·*trans*)
Paso a recogerte.	I'll pick you up. ail pik yu ap
Iré más tarde.	I'll be coming later. ail bi *ko·*miŋ *lei·*tər
Where will you be?	Where will you be? uer uil yu bi
¡Hecho!	OK! ou·*kei*
Nos vemos.	I'll see you then. ail si yu đen
Hasta luego/mañana.	See you later/tomorrow. si yu *lei·*tər/tu·mo·rrou
Tengo muchas ganas de ir.	I'm looking forward to it. aim *luu·*kiŋ *for·*uard tu it

Siento llegar tarde.	Sorry I'm late so·rri aim leit
No pasa nada.	Never mind. *ne*·vər maind

Bares y discotecas

¿Dónde podemos ir a bailar (salsa)?	Where can we go (salsa) dancing? uer kæn ui gou *dan*·siŋ
P **¿Qué tipo de música prefieres?**	What type of music do you like? uot taip of *miu*·sik du yu laik
R **Me encanta (el reggae).**	I really like (reggae). ai *rii*·li laik re·ge
¡Vamos!	Come on! *ka*·mon
¡Este lugar me encanta!	This place is great! dis pleis is greit

Más información sobre bares y bebidas en **Comer fuera** (p. 166).

Drogas

No consumo ningún tipo de drogas.	I don't take drugs. ai dont teik drags
Tomo ... de vez en cuando.	I take ... occasionally. ai teik ... o·*kei*·shə·na·li
¿Nos fumamos un porro?	Do you want to have a smoke? du yu uont tu hæv æ smouk
¿Tienes fuego?	Do you have a light? du yu hæv æ lait

Véase también **Policía** (p. 154).

El arte de seducir

FRASES ÚTILES

¿Quieres hacer algo?	Would you like to do something?	uud yu laik tu du *sam*·ziŋ
Te quiero.	I love you.	ai lov yu
Déjame en paz, por favor.	Leave me alone, please.	liiv mi ə·*loun*

Salir con alguien

P **¿Te gustaría hacer algo algo (esta noche)?**	Would you like to do something (tonight)? uud yu laik tu du *sam*·ziŋ (tu·*nait*)
R **Sí, me encantaría.**	Yes, I'd love to. yes aid lov tu
No, me temo que no puedo	No, I'm afraid I can't. nou aim ə·*freid* ai kant
R **Estoy ocupado/a.**	I'm busy. aim *bi*·si

Preliminares

¿Te apetece una copa?	Would you like a drink? uud yu laik æ drink
¿Tienes fuego?	Do you have a light? du yu hæv æ lait

| Eres estupendo/a. | You're great
yur greit |
| No debes venir mucho por aquí porque me habría fijado en tí antes. | You mustn't come here much, because I would have noticed you sooner.
yu *ma*·sent kom ḥiər mach bi·*kos* ai uud ḥæv *nou*·tist yu *suu*·nər |

Negativas

Estoy aquí con mi novio/a.	I'm here with my boyfriend/ girlfriend. aim ḥiər uiz mai *boi*·frend/*gerl*·frend
Lo siento pero me tengo que ír.	Excuse me, I have to go now. eks·*kius* mi ai ḥæv tu gou nau
Déjame en paz, por favor.	Leave me alone, please. liiv mi ə·*loun*
¡Vete!	Go away! gou æuei
Mira, tío/a, no me interesa hablar contigo.	Hey, I'm not interested in talking to you. ḥei aim not in·*tres*·tid in *to*·kiŋ tu yu

Acercamiento

| ¿Puedo besarte? | Can I kiss you?
kæn ai kis yu |
| ¿Quieres entrar a tomar algo? | Do you want to come inside for a drink?
du yu uont tu kam in·*said* for æ drink |

SOBRE LA CULTURA

¡Ojo al gesto!
El lenguaje corporal varía de unos países a otros, y lo que en uno resulta inofensivo puede interpretarse como poco apropiado en otro. Esto sucede con la señal de los dedos índice y corazón con la palma de la mano hacia dentro. El origen de este gesto es histórico: cuando los normandos invadieron Inglaterra, los ingleses eran famosos por su habilidad como arqueros. Si los franceses capturaban a alguno le cortaban los dos dedos para que no pudiera volver a disparar una flecha nunca más. Por esta razón, en las batallas los ingleses mostraban esos dos dedos como un símbolo de desafío y ofensa, y así ha perdurado hasta hoy.

¿Quieres un masaje?	Do you want a massage? du yu uont æ *ma*·sich
¡Vámonos a la cama!	Let's go to the bed! lets gou tu bed

Sexo

¡Dame un beso!	Kiss me! kis mi
Te deseo.	I want you. ai uont yu
Quiero hacerte el amor.	I want to make love to you. ai uont tu meik lov tu yu
¿Tienes un condón?	Do you have a condom? du yu hæv æ kon·dom
P ¿Te gusta esto?	Do you like this? du yu laik ðis
R Eso (no) me gusta.	I (don't) like that. ai (dont) laik ðat

Creo que deberíamos parar.	I think we should stop now. ai zink ui shud stop nau
¡Así!	Oh, yeah! ou ye
Fue increíble.	That was amazing. đat uos ə·*mei*·siŋ
¿Puedo quedarme?	Can I stay over? kæn ai stei *ou*·vər

Amor

🄿 **¿Me quieres?**	Do you love me? du yu lov mi
🄡 **Te quiero.**	I love you. ai lov yu
Creo que estamos muy bien juntos.	I think we're good together. ai zink uir guud tu·*ge*·đər

---

SOBRE EL IDIOMA

Palabras cariñosas
Algunas palabras cariñosas para usar con alguien a quien se quiera:

corazón	heart	hart
cielo	heaven	həaven
amorcito/a	sweet love	suit lov
mi vida	my life	mai laif
mi amor	my love	mai lov
tesoro	treasure	tre·*shur*

Creencias y cultura

FRASES ÚTILES

¿Cuál es tu religión?	What's your religion?	uots yor re·*li*·yiən
Soy ...	I'm ...	aim ...
Lo siento, eso va en contra de mis creencias.	I'm sorry, it's against my beliefs.	aim *so*·rri its ə·*genst* mai bi·*liivs*

Religión

P **¿Cuál es tu religión?**   What's your religion?
uots yor re·*li*·yiən

R **(No) Soy ...**   I'm (not) ...
aim (not) ...

agnóstico	agnostic	ag·*nos*·tik
budista	Buddhist	*bu*·dist
católico/a	Catholic	*kæ*·zə·lik
cristiano/a	Christian	*kris*·tiən
hindú	Hindu	*ḥin*·du
judío/a	Jewish	*yu*·ish
musulmán/ana	Muslim	*mus*·lim

(No) Soy religioso/a.   I'm not religious.
aim (not) re·*li*·yiəs

(No) Creo en Dios.	I (don't) believe in God. ai (dont) bi·*liiv* in gad
No creo en el destino.	I (don't) believe in destinity/fate. ai (dont) bi·*liiv* in *des*·ti·ni/feit
¿Puedo rezar aquí?	Can I pray here? kæn ai prei ḥiər

Diferencias culturales

¿Esto es una costumbre local?	Is this a local custom? is ðis æ *lou*·kəl or *na*·shə·nəl *kas*·təm
Esto es divertido.	This is fun. ðis is (*ve*·ri) fan
Esto es (muy) interesante.	This is (very) interesting. ðis is (*ve*·ri) *in*·tres·tiŋ
Esto es (muy) diferente.	This is (very) different. ðis is (*ve*·ri) *di*·fə·rent
No estoy acostumbrado a esto.	I'm not used to this. aim not iust tu ðis
Lo siento, va en contra de mis creencias.	I'm sorry, it's against my beliefs. aim *so*·rri its ə·*genst* mai bi·*liivs*
Lo probaré.	I'll try it. ail trai it
Lo siento, no pretendía hacer nada malo.	Sorry, I didn't mean to do/say anything wrong *so*·rri ai *di*·dent miin tu du *sam*·ziŋ roŋ

Deporte

FRASES ÚTILES

¿Qué deporte practicas?	What sport do you play?	uot sport du yu plei
¿Cuál es tu equipo favorito?	What's your favourite team?	uots yor *fei*·və·rit tiim
¿Cómo van?	What's the score?	uots ðə skor

Intereses deportivos

P ¿Qué deporte practicas?	What sport do you play? uot sport du yu plei
P ¿A qué deporte eres aficionado?	What sport do you follow? uot sport du yu *fo*·lou
R Practico ...	I play/do ... ai plei/du ...
R Soy aficionado a/al ...	I follow ... ai *fo*·lou ...

baloncesto	basketball	*bas*·ket·bol
ciclismo	cycling	*sai*·kliŋ
fútbol	football (soccer)	*fut*·bol (*so*·kər)
tenis	tennis	*te*·nis
voleibol	volleyball	*vo*·lei·bol

Para más deportes, véase **Diccionario**.

¿Te gustan los deportes?	Do you like sport? du yu laik sport
Me gusta mirar.	I like watching it. ai laik *uo*·chiŋ it
¿Quién es tu deportista favorito?	Who's your favourite sportsperson? ḥus yor *fei*·va·rit sports·*per*·son
¿Cuál es tu equipo favorito?	What's your favourite team? uots yor *fei*·va·rit tiim

Ir a un partido

¿Te gustaría ir a un partido de (baloncesto)?	Would you like to go to a (basketball) game? uud yu laik tu gou tu æ (*bas*·ket·bol) geim
¿De qué equipo eres?	Who are you supporting? ḥu ar yu sa·*por*·tiŋ
¿Quién juega?	Who's playing? ḥus *ple*·iŋ
¿Quién gana?	Who's winning? ḥus *ui*·niŋ
Ese partido fue (aburrido).	That was a (boring) game. đat uos æ (*bo*·riŋ) geim
¡Ese partido fue (cojonudo)!	That was a (great) game! đat uos æ (greit) geim
¿Cómo van?	What's the score? uots đə skor

> **SOBRE LA CULTURA**
>
> **El críquet**
> Es bastante habitual ver en los parques hombres vestidos de blanco jugando a algo parecido al béisbol. Se trata del croquet, un juego que levanta pasiones en muchos países angloparlantes. Para jugar, se necesitan un bate, una pelota y dos equipos de once jugadores. Un partido puede durar hasta cinco días y aun así puede acabar en empate.

Practicar deporte

P ¿Quieres jugar?	Do you want to play?	du yu uont tu plei
R Sí, me encantaría.	Yeah, that'd be great.	ye datd bi greit
R Ahora mismo no, gracias.	Not at the moment, thanks.	not æt də *mou*·ment zanks
R Tengo una lesión.	I have an injury.	ai hæv æn in·yə·ri
¿Puedo jugar?	Can I join in?	kæn ai yoin in
¿Cuál es el mejor sitio para hacer footing por aquí cerca?	Where's the best place to run around here?	uers də best pleis tu ran ə·*round* hiər
¿Dónde está el gimnasio más cercano?	Where's the nearest gym?	uer is də nii·rest yim

¿Hay que ser socio para entrar?	Do I have to be a member to attend? du ai hæv tu bi æ *mem*·bər tu ə·tend
¿Dónde está la piscina más cercana?	Where's the nearest swimming pool? uer is də *nii*·rest *sui*·miŋ puul
¿Dónde está la pista de tenis más cercana?	Where's the nearest tennis court? uer is də *nii*·rest te·nis kort
¿Dónde están los vestuarios?	Where are the change rooms? uer ar də cheinch ruum
¿Cuánto cobran por ...?	What's the charge per ...? uots də charch per ...

día	day	*dei*
partida	game	geim
hora	hour	auər
visita	visit	*vi*·sit

¿Puedo alquilar una ...?	Can I hire a ...? es po·*see*·ble al·*kee*·lar oo·na ...	

pelota	ball	bol
bicicleta	bycicle	*bai*·si·kəl
cancha	court	kort
raqueta	racquet	*ræ*·kit

¡Qué gol/pase!	What a goal/pass! uot æ goul/pæs
Tu/Mi punto.	Your/My point. your/mai pont

🔊 SE OIRÁ

offside	*of*·said	fuera de juego
penalty	*pe*·nal·ti	penalti
goalkeeper	*goul*·kii·pər	portero
corner	*kor*·nər	saque de esquina
free kick	frii kik	tiro libre

¡Pásamela!	Kick it to me! kik it tu mi
Juegas bien.	You're a good player. yur æ guud *ple*·yər
Gracias por el partido.	Thanks for the game. zanks for də geim

Fútbol

¿Quién juega en el (Chelsea)?	Who plays for (Chelsea)? hu pleis for (chel·sii)
¡Qué equipo más espantoso!	What a terrible team! uot æ *te*·rri·bəl tiim
Es un gran jugador.	He's a great player. his æ greit *ple*·yər
Jugó fenomenal en el partido contra (Italia).	He played brilliantly in the match against (Italy). hi pleid *bri*·lian·tli in də mach ə·*genst* (i·ta·li)
¿Qué equipo va primero en la liga?	Which team is at the top of the league? uich tiim is æt də top of də liig

Al aire libre

FRASES ÚTILES

¿Se necesita un guía?	Do we need a guide?	se ne·the·*see*·ta oon *gee*·a
Estoy perdido/a.	I'm lost.	aim lost
¿Qué tiempo hace?	What's the weather like?	uots đə *ue*·đər laik

Excursiones

Inglaterra es un estupendo marco para hacer senderismo. Su flora y fauna se encuentran muy bien preservadas y merece la pena acercarse a ellas y conocerlas. Su paisaje, ya sea de páramos o de escarpados acantilados, puede sorprender gratamente al viajero.

¿Dónde puedo encontrar información sobre rutas de senderismo?	Where can I find out about hiking trails? uer kæn ai faind aut ə·*baut ḥai*·kiŋ treils
¿Se necesita un guía?	Do we need a guide? du ui niid æ gaid
¿Se organizan excursiones con guía?	Are there guided treks? ar đer *gai*·did treks

¿Dónde puedo ...?	Where can I ...?	uer kæn ...
comprar provisiones	buy supplies	bai su·*plais*
encontrar a alguien que conozca la zona	find someone who knows this area	faind *sam*·uan hu nous dis æ·ria
obtener un mapa	get a map	get æ mæp
alquilar un equipo para ir de excursión	hire hiking gear	hair *hai*·kiŋ gi·ər

¿Cuántos kilómetros tiene la ruta?	How long is the trail? hau loŋ is ðə treil
¿A qué altura se sube?	How high is the climb? hau hai is ðə klaimb
¿Se necesita llevar algo para dormir?	Do we need to take bedding? du ui niid tu teik be·diŋ
¿Se necesita llevar comida/agua?	Do we need to take food/water? du ui niid tu teik fuud/*uo*·tər
¿Está el sendero bien señalizado?	Is the track (well-)marked? is ðə trak (uel)*mar*·kid
¿Está el sendero abierto?	Is the track open? is ðə trak *ou*·pən

🔍 SE BUSCARÁ

This way to ...	dis uei tu ...	Dirección a
No camping	no *kæm*·piŋ	Prohibido acampar
Camping Ground	*kæm*·piŋ graund	Camping

¿Es pintoresco el sendero?	Is the track scenic?	is ðə trak *se*·nik
¿Cuál es el camino más fácil/corto?	Which is the easiest/shortest route?	uich is ðə *i*·si·est/*shor*·test rut
¿Cuál es el camino más interesante?	Which is the most interesting route?	uich is ðə most in·tres·tiŋ rut
¿Dónde hay ...?	Where's a/the ...?	uers æ ...

un camping	camping site	*kæm*·piŋ sait
un pueblo	village	*vi*·lich
duchas	showers	*sha*·uərs
servicios	toilets	*toi*·lets

¿De dónde vienes?	Where have you come from?	uer hæv yu kam from
¿Cuánto ha tardado?	How long did it take?	hau loŋ did it teik
¿Este sendero va a ...?	Does this path go to ...?	das dis paz gou tu ....
¿Se puede pasar por aquí?	Can we go through here?	kæn ui gou zru hiər

SE BUSCARÁ

| No Swimming! | no sui·miŋ | ¡Prohibido bañarse! |

¿Se puede beber el agua?	Is the water OK to drink? is ðə *uo*·tər ou·*kei* tu drink
¿Es seguro?	Is it safe? is it seif
¿Hay una cabaña allí?	Is there a hut there? is ðer æ ḥat ðer
¿A qué hora oscurece?	When does it get dark? uen das it get dark
Estoy perdido/a.	I'm lost. aim lost

En la playa

¿Dónde está la mejor playa?	Where's the best beach? uers ðə best biich
¿Dónde está la playa más cercana?	Where's the nearest beach? uers ðə *nii*·rest biich
¿Es seguro bucear/nadar aquí?	Is it safe to dive/swim here? is it seif tu daiv/suim ḥiər
¿A qué hora es la marea alta/baja?	What time is high/low tide? uot taim is ḥai/lou taid
¿Cuánto cuesta alquilar una silla?	How mucho to rent a chair? ḥau mach tu rent æ cher

| ¿Cuánto cuesta alquilar una sombrilla? | How much to rent an umbrella (for sun)?
hau mach tu rent æn am·bre·lə |

El tiempo

| **P** ¿Qué tiempo hace? | What's the weather like?
uots də *ue*·dər laik |
| **R** Hoy hace ... | Today it's ...
tu·*dei* its ... |

frío	cold	kould
un frío que pela	freezing	*frii*·siŋ
mucho calor	hot	hot
sol	sunny	*sa*·ni
calor	warm	uorm
viento	windy	*uin*·di

R (Hoy) Está lloviendo.	(Today) It's raining. (tu·*dei*) its *rei*·niŋ
R (Hoy) Está nevando.	(Today) It's snowing. (tu·*dei*) its snouiŋ
P ¿Cuál es el pronostico del tiempo?	What's the weather forecast? uich is də ue·dər forkas
R (Mañana) Lloverá.	(Tomorrow) It will be raining. tu·mo·rrou ui il bi *rei*·niŋ
¿Dónde puedo comprar un impermeable?	Where can I buy a rain jacket? uer kæn ai bai æ rein *ya*·ket

¿Dónde puedo comprar crema solar?	Where can I buy sunblock? uer kæn ai bai *san*·blok
¿Dónde puedo comprar un paraguas?	Where can I buy an umbrella (rain)? uer kæn ai bai æn am·*bre*·lə
granizo	hail ḥeil
tormenta	storm storm
sol	sun san

Flora y fauna

¿Qué es ese/esa?	What is that ...? ke ... es *e*·se/*e*·sa

animal	animal	æ·ni·mal
pájaro	bird	berd
flor	flower	*fla*·uər
planta	plant	plænt
árbol	tree	trii

¿Se puede comer la fruta?	Can you eat the fruit? kæn yu iit ðə frut
¿Está en peligro de extinción?	Is it endangered? is it in·*dein*·ye·rid
¿Es común?	Is it common? is it *ko*·mon

Para información sobre términos geográficos, nombres de animales y plantas, véase el **Diccionario**.

Viajar seguro

Urgencias

FRASES ÚTILES

¡Socorro!	Help!	help
Ha habido un accidente.	There's been an accident.	ðers biin æn æk·si·dənt
¡Es una emergencia!	It's an emergency!	its æn i·*mer*·yən·si

¡Socorro!	Help! help
¡Pare!	Stop! stop
¡Váyase!	Go away! gou ə·*uei*
¡Déjame en paz!	Leave me alone! liiv mi ə·*loun*
¡Ladrón!	Thief! ziif
¡Fuego!	Fire! *fa*·yər
¡Es una emergencia!	It's an emergency! its æn i·*mer*·yən·si
Ha habido un accidente.	There's been an accident. ðers biin æn æk·si·dənt
¿Tiene un botiquín de primeros auxilios?	Do you have a first-aid kit? du yu ħæv ferst ed kit
¡Llame a la policía!	Call the police! kol ðə po·*lis*

🔊 SE OIRÁ

| It's dangerous! | *dein*·ye·rəs | ¡Es peligroso! |

¡Llame a un médico!	Call a doctor! kol æ *dok*·tər
¡Llame a una ambulancia!	Call an ambulance! kol æn *am*·biu·lans
¿Me puede ayudar, por favor?	Could you help me, please? kud yu help mi pliis
Necesito usar el teléfono.	I have to use the telephone. ai hæv tu ius də *te*·le·foun
Estoy perdido/a.	I'm lost. aim lost
¿Dónde están los servicios?	Where are the toilets? uer ar də *toi*·lets

Policía

FRASES ÚTILES

¿Dónde está la comisaría?	Where's the police station?	uer is ðə po·*lis* stei·shən
Quiero ponerme en contacto con mi embajada/ consulado.	I want to contact my embassy/ consulate.	ai uont tu *kon*·takt mai em·ba·si / *kon*·su·leit
Me han robado el bolso.	My bag was stolen.	mai bæg uos *stou*·len

En caso de emergencia, se puede llamar a la policía, ya que esta podrá contactar con otros servicios de emergencia (bomberos, ambulancia...). Para más información sobre cómo hacer una llamada telefónica, véase **Comunicaciones** (p. 86).

¿Dónde está la comisaría?	Where's the police station? uer is ðə po·*lis* stei·shən
Quiero denunciar un delito.	I want to report an offence. ai uont tu ri·*port* æn ə·*fens*
Me han robado.	I've been robbed. aiv biin robt
Me han violado.	I've been raped. aiv biin reipt
Fue él/ella.	It was him/her. it uos him/her
Mi (dinero) fue robado.	My (money) was stolen. mai (*mo*·ni) uos *stou*·len

Mi (bolso) fue robado.	My (bag/handbag) was stolen. mai (bæg/*hænd*·bæg) uos *stou*·len
Mis (maletas) fueron robadas.	My (bags/suitcases) were stolen. mai (bægs/*sut*·kei·ses) uer *stou*·len
He perdido (mi pasaporte).	I've lost (my passport). aiv lost (mai *pas*·port)
¿De qué me acusan?	What am I accused of? uot am ai ə·*kiusd* of
No sabía que estaba haciendo nada malo.	I didn't realise I was doing anything wrong. ai didnt ri·ə·lais ai uos doiŋ e·ni·ziŋ roŋ
Soy inocente.	I'm innocent. aim *i*·no·sent
Quiero ponerme en contacto con mi embajada/consulado.	I want to contact my embassy/consulate. ai uont tu *kon*·takt mai *em*·ba·si /*kon*·su·leit
¿Puedo llamar a un abogado?	Can I call a lawyer? kæn ai kol æ *lo*·yər
Necesito un abogado que hable (español).	I need a lawyer who speaks (Spanish). ai niid æ *lo*·yər hu spiiks *spa*·nish
¿Puede darme una copia, por favor?	Can I have a copy, please? kæn ai hæv æ *ko*·pi, pliis
Esta droga es para uso personal.	This drug is for personal use. ðis drag is for *per*·son·nal ius
Tengo receta para esta droga.	I have a prescription for this drug. ai hæv æ pres·*krip*·shən for ðis drag

Salud

FRASES ÚTILES

¿Dónde está el hospital más cercano?	Where's the nearest hospital?	uers də *nii*·rest *ḥos*·pi·təl
Estoy enfermo/a.	I'm sick.	aim sik
Necesito un doctor.	I need a doctor.	ai niid æ *dok*·tər
Estoy bajo medicación para ...	I'm on regular medication for ...	aim on re·giu·lar me·di·kei·shən for ...
Soy alérgico/a a...	I'm allergic to ...	aim ə·*ler*·yik tu ...

El médico

¿Dónde está ... más cercano/a?		Where's the nearest ...? uer is də *nii*·rest ...
la farmacia	chemist	*ke*·mist
el dentista	dentist	*den*·tist
el médico	doctor	*dok*·tər
el hospital	hospital	*ḥos*·pi·təl
el consultorio	medical centre	*me*·di·kəl *sen*·tər
el oculista	optometrist	op·*to*·mə·trist

Necesito un doctor (que hable español).	I need a doctor (who speaks Spanish) ai niid æ *dok*·tər (hu spiiks *spa*·nish)
¿Puede verme una doctora?	Could I see a female doctor? kud ai sii æ *fi* ·meil *dok*·tər
Se me ha acabado la medicación.	I've run out of my medication. aiv ran aut of mai me·di·*kei*·shən
Este es mi medicamento habitual.	This is my usual medicine. ðis mai *iu*·shuəl *med*·sin
No quiero que me hagan una transfusión de sangre.	I don't want a blood transfusion. ai dont uont æ blad træns·*fiu*·shən
Por favor, use una jeringuilla nueva.	Please use a new syringe. pliis ius æ niu si·*rinch*
Necesito lentes de contacto nuevas.	I need new contact lenses. ai niid niu *kon*·takt *len*·sis
Necesito gafas nuevas.	I need new glasses. ai niid niu *gla*·sis
Estoy vacunado/a contra ...	I've been vaccinated for ... aiv biin væk·si·*nei*·tid for ...
Está vacunado/a contra ...	He's/She's been vaccinated for ... his/shis biin væk·si·*nei*·tid for ...

el tétanos	tetanus	te·tə·nəs
la tifus	typhoid	tai·foid
la hepatitis	hepatitis	he·pə·tai ·tis
A/B/C	A/B/C	ei/bi/si
la fiebre ...	... fever	fi ·vər ...

Para información sobre enfermedades femeninas, véase **Salud de la mujer** (p. 160).

Síntomas

Estoy enfermo/a.	I'm sick.
	'aim sik
Tengo ...	I have ...
	ai hæv ...
Hace poco he tenido ...	I've recently had ...
	aiv *ri*·sen·tli had ...
Tomo medicación para ...	I'm on regular medication for ...
	aim on *re*·giu·lar me·di·*kei*·shən for ...
Me duele aquí.	It hurts here.
	it harts hiər
Me han herido.	I've been injured.
	aiv biin *in*·yərd
He estado vomitando.	I've been vomiting.
	aiv biin *vo*·mi·tiŋ
No puedo dormir.	I can't sleep.
	ai kant sliip
Tengo una erupción cutánea.	I have a rash.
	ai hæv æ ræsh
Tengo una infección.	I have an infection.
	ai hæv æn in·*fek*·shən
Me siento ...	I feel ...
	ai fiil ...

🔊 SE OIRÁ

What's the problem?	uots də *pro*·blem
	¿Qué le pasa?
Where does it hurt?	uer das it hart
	¿Dónde le duele?
Do you have a temperature?	du yu hæv æ *tem*·prə·chər
	¿Tiene fiebre?
How long have you been like this?	hau loŋ hæv yu biin laik dis
	¿Desde cuándo se siente así?
Have you had this before?	hæv yu had dis bi·*for*
	¿Ha tenido esto antes?

mejor	better	*be*·tər
deprimido/a	depressed	di·*prest*
mareado/a	dizzy	*di*·si
destemplado/a	shivery	*shi*·və·ri
débil	weak	uuik
peor	worse	uors

asma	asthma
	as·ma
diarrea	diarrhoea
	dee·a·*re*·a
fiebre	fever
	fye·bre
dolor de cabeza	headache
	do·*lor* de ka·*be*·tha
torcedura	sprain
	tor·the·*doo*·ra

Para más información sobre síntomas, véase **Diccionario**.

Salud de la mujer

(Creo que) Estoy embarazada.	(I think) I'm pregnant. ai zink aim *preg*·nant
Hace ... semanas que no me viene la regla.	I haven't had my period for ... weeks. ai ḥa·vent ḥad mai *pi*·riod for ... uiiks
Tomo la píldora.	I'm on the Pill. aim on də pil
He notado un bulto aquí.	I've noticed a lump here. aiv *no*·tist æ lamp ḥiar
Tengo dolor menstrual.	I have period pain. ai ḥæv *pi*·riod pein
anticonceptivos	contraception kon·trə·*sep*·shən
prueba de embarazo	pregnancy test *preg*·nan·si test
la píldora del día siguiente	the morning-after pill də *mor*·niŋ *af*·tər pil

Alergias

Soy alérgico/a a ...	I'm allergic to ... aim ə·*ler*·yik tu ...
Él/Ella es alérgico/a a ...	He/She is allergic to ... ḥis/shis ə·*ler*·yik tu ...

🔊 SE OIRÁ

Do you drink?
du yu drink
¿Usted bebe?

Do you smoke?
du yu smouk
¿Usted fuma?

Do you take drugs?
du yu teik drags
¿Usted toma drogas?

Are you allergic to anything?
ar yu ə·*ler*·yik
¿Es usted alérgico?

Are you on medication?
ar yu on me·di·*kei*·shən
¿Toma alguna medicación?

a los antibióticos	antibiotics	æn·ti·bai·o·tiks
a los anti-inflamatorios	anti-inflammatories	æn·ti·in·*flæ*·mə·tə·ris
a la aspirina	aspirin	æs·*prin*
a las abejas	bees	biis
a la codeína	codeine	*kou*·diin
a la penicilina	penicillin	pe·ni·si·lin
al polen	pollen	*po*·lən

Tengo una alergia en la piel.	I have a skin allergy. ai hæv æ skin æ·*ler*·yi
Sigo un régimen especial.	I'm on a special diet. aim on æ *spe*·shəl daiet
antihistamínicos	antihistamines æn·ti·*his*·tə·mins
inhalador	inhaler in·*hei*·lər

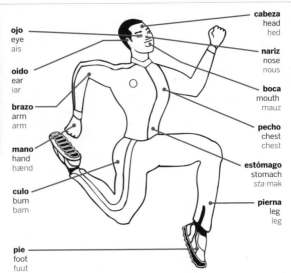

cabeza
head
hed

nariz
nose
nous

boca
mouth
mauz

pecho
chest
chest

estómago
stomach
sta·mək

pierna
leg
leg

ojo
eye
ais

oído
ear
iar

brazo
arm
arm

mano
hand
hænd

culo
bum
bam

pie
foot
fuut

| **drogas con base de azufre** | sulphur-based drugs |
| | sul·fur beisid drags |

Para más información sobre alergias alimentarias, véase **Dietas especiales y alergias,** en p. 185.

Partes del cuerpo

Me duele ...	My ... hurts.
	mai ... harts
No puedo mover ...	I can't move my ...
	ai kant muv mai ...
Tengo calambres en ...	I have a cramp in my ...
	ai hæv æ kræmp in mai ...

Mi ... está hinchado.	Mi ... is swollen. mai ... is *suo*·len

Para más vocabulario de las partes del cuerpo, véase el **Diccionario.**

La farmacia

Necesito algo para ...	I need something for ... ai niid *som*·ziŋ for ...
Tengo receta médica.	I have a prescription. ai ḥæv æ pres·*krip*·shan
¿Necesito una receta para ...?	Do I need a prescription for ...? du ai niid æ pres·*krip*·shan for ...
¿Cuántas veces al día?	How many times a day? ḥau *me*·ni taims æ dei

Para más vocabulario de la farmacia, véase el **Diccionario.**

El dentista

Se me ha roto un diente.	I have a broken tooth. ai ḥæv æ *brou*·ken tuuz
Me duele una muela.	I have a toothache. ai ḥæv æ *tuuz*·eik

 SE OIRÁ

Have you taken this before?	ḥæv yu *tei*·ken ðis bi·*for* ¿Ha tomado esto antes?
Twice a day (with food).	tuais æ dei (uiz fuud) Dos veces al día (con la comida)

🔊 SE OIRÁ

Open wide.	*ou*·pən uaid	Abra.
Don't move.	dont muv	No se mueva.
Rinse!	rins	¡Enjuáguese!

Se me ha caído un empaste.	I've lost a filling. aiv lost æ fi ·liŋ
Se me cayó/rompió el aparato dental.	My orthodontic braces broke/fell off. mai ortodontic breis brouk/feil of
Me duelen las encías.	My gums hurt. mai gams hạrt
No quiero que me lo saquen.	I don't want it extracted. ai dont uont it eks·*træk*·tid
Necesito una anestesia.	I need an anaesthetic. ai niid æn æ·nis·*ze*·tik
Necesito un empaste.	ai niid æ *fi* ·liŋ

Comida

Comer fuera

FRASES ÚTILES

¿Puede recomendarme un restaurante?	Can you recommend a restaurant?	kæn yu re·kə·mend æ res·tə·rant
Quisiera una mesa para dos, por favor.	I'd like a table for two, please.	aid laik æ tei·bəl for chu pii·pol pliis
Quisiera el menú, por favor.	I'd like the menu, please.	aid laik də me·niu pliis
Quisiera ...	I'd like ...	aid laik ...
Por favor, nos trae la cuenta.	Please bring the bill.	pliis briŋ də bil

Lo básico

En Reino Unido lo normal es comer entre las 12 y la 1, y cenar entre las 6 y las 8 aproximadamente.

desayuno	breakfast brek·fəst
comida	lunch lanch
cena	dinner di·nər
tentempié	snack snæk
comer/beber	eat/drink iit/drink

Quisiera ...	I'd like ... aid laik ...	
¡Estoy hambriento/a!	I'm starving! aim *star*·viŋ	
¡Buen provecho!	Enjoy your meal! in·yoi yor miil	

Encontrar un lugar para comer

¿Puede recomendarme un/una ...?　Can you recommend a ...?
kæn yu *re*·kə·mend ...

bar	bar	bar
café	cafe	ka·*fe*
cafetería	coffe bar	*ko*·fi bar
restaurante	restaurant	*res*·tə·rant

¿Sirven todavía comidas?	Are you still serving food? ar yu stil *ser*·viŋ fuud
¿Cuánto hay que esperar?	How long is the wait? hau loŋ is də ueit
¿Dónde se podría ir para comer barato?	Where would you go for a cheap meal? uer uud gou for æ chiip miil
¿Dónde se podría ir para tomar comida típica?	Wher would you go for a local specialities? uer uud gou for æ *lou*·kəl spe·*sha*·li·tis
Quisiera reservar una mesa para (dos) personas.	I'd like to reserve a table for (two) people. aid laik tu ri·*serv* æ tei·bəl for (chu) *pii*·pol.

🔊 SE OIRÁ

Sorry, we're closed.	so·rri uir kloust
	Lo siento, hemos cerrado.
We have no free tables.	ui ḫæv nou tei·bəls
	No tenemos mesa.
One moment.	uan mou·ment
	Un momento.

Quisiera reservar una mesa para las (ocho).	I'd like to reserve a table for (eight) o'clock.
	aid laik tu ri·serv æ tei·bəl for (eit) o·klok

En el restaurante

Quisiera la sección de (no) fumadores, por favor.	I'd like the (non) smoking section, please.
	aid laik ðə (non) smou·kiŋ sek·shən pliis
Quisiera una mesa para (dos), por favor.	I'd like a table for (two), please.
	aid laik æ tei·bəl for (chu) pliis

✂ **Para dos, por favor.**	For two, please.	for (chu) pliis

Quisiera la carta de bebidas, por favor.	I'd like the drink list, please.
	aid laik ðə drink list pliis

Comer fuera

¿Puedo ver el menú, por favor?
Can I see the menu, please?
kæn ai sii ðə *me*·niu pliis

¿Qué me recomendaría para ...?
What would you recommend for ...?
uat uud yu *re*·kə·mend for.

el plato principal
the main meal
ðə mein miil

postre
dessert
di·*sert*

bebidas
drinks
drinks

Por favor, me trae ...
Can you bring me some ..., please?
kæn yu briŋ mi som ..., pliis

La cuenta, por favor.
I'd like the bill, please.
aid laik ðə bil, pliis

Quisiera el menú, por favor.	I'd like the menu, please.	aid laik də me·niu pliis

✂ **El menú, por favor.**	The menu, please.	də me·niu pliis

¿Tienen comidas para niños?	Do you have children meals? du yu hæv chil·drens miils
¿Tienen un menú en español?	Do you have a menu in Spanish? du yu hæv æ me·niu in spa·nish
¿Está incluido el servicio en la cuenta?	Is service included in the bill? is ser·vis in·klu·did in də bil
¿Qué recomienda?	What would you recommend? uot uud yu re·kə·mend
¿Podría decirme qué comida típica hay que probar?	Can you tell me which traditional foods I should try? kæn you tel mi uich tra·di·sio·nal fuuds ai shud trai

🔊 SE OIRÁ

Do you like ...?	du yu laik ... ¿Le gusta ...?
I suggest the ...	ai su·yest də ... Recomiendo ...
How would you like that cooked?	hau uud yu laik dat kukt ¿Cómo lo quiere preparado?

Tomaré lo mismo que ellos.	I'll have what they're having.
	ail hæv uot đeir ha·vin
¿Tarda mucho en prepararse?	Does it take long to prepare?
	das it teik lon tu pri·*per*
¿Qué lleva ese plato?	What's in that dish?
	uots in đat dish
¿Está esto incluido?	Are these complimentary?
	ar dis com·pli·*men*·tə·ri
Solo queremos tomar algo.	uir yast ha·vin drinks

✂ **Solo bebidas.**   Just drinks.   yast drinks

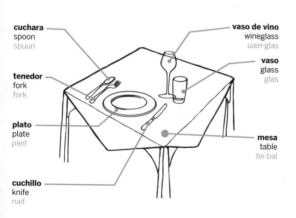

cuchara
spoon
spuun

tenedor
fork
fork

plato
plate
pleit

cuchillo
knife
naif

vaso de vino
wineglass
uain·glas

vaso
glass
glas

mesa
table
tei·bal

En la mesa

Por favor nos trae un vaso.	Please bring a glass.	pliis briŋ æ glas
Por favor nos trae una servilleta.	Please bring a serviette.	pliis briŋ æ *ser*·viet
Lo quiero ...	I'd like it ...	aid laik it ...
No lo quiero ...	I don't want it ...	ai dont uont it ...

frito en mucho aceite	deep fried	*diip*·fraid
no muy hecho	medium	*mi*·dium
vuelta y vuelta	rare	rer
recalentado	re-heated	ri·*hii*·tid
al vapor	steamed	stiimt
bien hecho	well-done	*uel*·don
con el aliño aparte	with the dressing on the side	uiz də *dre*·siŋ on də said
sin ...	without ...	ui·*zaut* ...

Para más información, véase **Comida vegetariana y de dieta** (p. 185).

Sobre la comida

Me encanta este plato.	I love this dish.	ai lov đis dish
Yo no he pedido esto.	I didn't order this.	ai *di*·dent *or*·dər đis

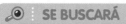

Appetisers	ə·pe·*tai*·sərs	Aperitivos
Beers	*bi*·ərs	Cervezas
Soups	*kal*·dos	Sopas
Entrees	*en*·tris	Entrantes
Salads	*sæ*·ləds	Ensaladas
Desserts	di·*serts*	Postres
Soft drinks	soft drinks	Refrescos
Main Course	mein kors	Segundo plato

¡Estaba buenísimo!	That was delicious! dat uos di·*li*·shəs
Mi enhorabuena al cocinero.	My compliments to the chef. mai *kom*·pli·ments tu də shef
Estoy lleno/a.	I'm full. aim ful
Esto está quemado.	This is burnt. dis is barnt
Esto está (demasiado) frío.	This is (too) cold. dis is (tuu) kould
Esto está exquisito.	This is superb. dis is su·*perb*
Nos encanta la comida típica de la zona.	We love the local cuisine. ui lov də *lou*·kəl kui·*sin*

Pagar la cuenta

Por favor, nos trae la cuenta.	Please bring the bill.	
	pliis briŋ ðə bil	
✂ **La cuenta, por favor.**	Bill, please.	bil pliis
Hay un error en la cuenta.	There's a mistake in the bill.	
	ðers æ mis·*teik* in ðə bil	

Para formas de pago, véase **Dinero y bancos** (p. 92).

Bebidas no alcohólicas

No bebo alcohol.	I don't drink alcohol.
	ai dont drink *æl*·kə·hol
(taza de) café ...	(cup of) coffee ...
	(kap of) *ko*·fi ...
(taza de) té ...	(cup of) tea ...
	(kap of) ti ...
con leche	with milk
	uiz milk
sin azúcar	without sugar
	ui·*zaut shu*·gər
refresco	soft drink
	soft drink
agua (hervida)	(boiled) water
	uo·tər boilt
agua mineral (con gas)	(sparkling) mineral water
	(*spar*·kliŋ) *mi*·nə·rəl *uo*·tər

Bebidas alcohólicas

... **cerveza**	beer ... *bi·ər ...*	
de barril	draught	dræt
negra	dark	dark
rubia	light	lait
sin alcohol	nonalcoholic	non æl·kə·holic

botellín	small bottle of beer (250 ml) smol ba·təl of *bi·ər*
litrona	litre bottle of beer li·tər ba·təl of *bi·ər*
mediana	bottle of beer (300 ml) ba·təl of *bi·ər*

¿Qué recomienda?
uot uud yu *re*·kə·mend
What would you recommend?

una caña/pinta de cerveza	a glass/pint of beer æ glass/paint of *bi·*ər
una jarra de cerveza	a jug of beer æ yag of *bi·*ər
coñac	brandy *bræn·*di
champán	Champagne cham·*pein*
combinado	cocktail koc·tel
sangría	sangria san·*gri·*a
un chupito de (ron)	a shot of (rum) æ shut of ram
un chupito de (ginebra)	a shot of (gin) æ shut of yin
un chupito de (güisqui)	a shot of (whiskey) æ shut of *uis·*ki
una botella/copa de vino ...	a bottle/glass of ... wine æ *ba·*təl/glas of ... uain

dulce	dessert	di·*sert*
tinto	red	*red*
rosado	rose	ro·*se*
espumoso	sparkling	*spar·*kliŋ
blanco	white	uait

SOBRE LA CULTURA

Locos por la cerveza

Muchos británicos pasan buena parte de su tiempo libre en los pubs. Y allí, entre otras cosas, se beben grandes cantidades de cerveza, que puede considerarse la bebida nacional. Se sirve siempre a temperatura ambiente y se suele tomar en pintas (pints), que son vasos de medio litro o en medias pintas (halfpints), que contienen un cuarto de litro. Existen dos tipos principales de cerveza: las lager, que son cervezas rubias de fermentación baja y sabor suave, y las ale, que son cervezas de fermentación alta y sabor más robusto. Esta última variedad es muy popular en Gran Bretaña.

En el bar

¡Oiga!	Excuse me! eks·kius mi
Ahora voy yo.	I'm next. aim də nekst
🅿 **¿Qué quieres tomar?**	What would you like? uot uud yu laik
🆁 **Tomaré ...**	I'll have ... ail hæv ...
Otra de lo mismo.	Some again, please. seim ə·gen pliis
Sin hielo, gracias.	No ice, thanks. nou ais zanks
Te invito a una copa.	I'll buy you a drink. ail bai yu æ drink
Es mi ronda.	It's my round. its mai raund
La próxima la pagas tú.	You can get the next one. yu kæn get də nekst uan
¿Sirven comidas aquí?	Do you serve meals here? du yu serv miils hiər

🔊 SE OIRÁ

Where would you like to sit?	uer uud yu laik tu siit ¿Dónde le gustaría sentarse?
What can I get for you?	uot kæn ai get for yu ¿En qué le puedo servir?
Here you go!	hiər yu gou ¡Aquí tiene!

Una copa de más

¡Salud!	Cheers! chiirs
Lo siento, pero no me apetece.	Thanks, but I don't feel like. zanks bat ai dont fi il laik it
No gracias, tengo que conducir.	No thanks, I'm driving. no zanks aim draiv iŋ
Me lo estoy pasando muy bien.	This is hitting the spot. ðis is hi·tiŋ də spot
¡Me siento fenomenal!	I feel fantastic! ai fi il fæn·tæs·tik
Esto me está subiendo mucho.	I'm feeling drunk. aim fii·liŋ drank
Creo que he bebido demasiado.	I think I've had one too many. ai zink aiv had tuu me·ni
Estoy cansado/a, mejor me voy a casa.	I'm tired, I'd better go home. aim taiəd aid be·tər gou hom

COMIDA

COMER FUERA

SOBRE LA CULTURA

Diferentes locales

En los últimos tiempos se ha despertado un gran interés por la cocina en el Reino Unido. Son muchos los nuevos chefs, así como los libros y programas sobre este tema, hasta el punto de que se habla de una 'nueva cocina inglesa'. Los locales en que se puede comer o beber algo son muy variados. Algunos de los más comunes son:

Restaurants:	Se puede encontrar cualquier comida del mundo, además de inglesa.
Pubs	Más informales, son los locales ingleses tradicionales. La comida es barata, buena y sencilla. Se suele pedir y pagar en la barra, indicando la mesa que se ocupa.
Snack bars	Concurridos al mediodía para comprar un sándwich.
Wine bars	El vino está de moda, y estos locales son equivalentes a una vinoteca.
Bars	Normalmente locales de diseño para tomar copas, cócteles, etc.
Take aways	Establecimientos en los que se vende comida para llevar. La variedad es inmensa y ofrecen desde comida hindú hasta fish & chips.

Creo que no deberías conducir.	I don't think you should drive. _ai dont zink yu shud draiv_
¿Me puedes pedir un taxi?	Can you call a taxi for me? _kæn yu kol æ tak·si for mi_

Comprar y cocinar

FRASES ÚTILES

¿Cuál es la especialidad local?	What's the local speciality?	uots də *lou*·kəl spe·*sha*·li·ti
¿Dónde está la sección de ...?	Where can I find the ... section?	uer kæn ai faind də ... *sek*·shən
Póngame ...	I'd like ...	aid laik ...

Comprar comida

¿Dónde está la sección de ...?	Where can I find the ... section? uer kæn ai aind də ... *sek*·shən

productos lácteos	dairy	*de*·ri
productos congelados	frozen goods	*frou*·sen guuds
frutas y verduras	fruit and vegetable	*frut* ænd ve·yi·tə·bəl
carne	meat	miit

¿Dónde está la sección/ tienda de comida dietética?	Where's the health-food section/store? uer kæn ai aind də ḥelz fuud *sek*·shən/stor·
¿Qué es eso?	What's that? uots đat

COMIDA · COMPRAR Y COCINAR

◀)) SE OIRÁ

Can I help you?	kæn ai help yu ¿En qué le puedo servir?
What would you like?	uot uud yu laik ¿Qué querías?
I don't have any.	ai dont hæv e·ni No tengo.
There's none left.	ders non left No queda más.

¿Puedo probarlo/a?	Can I taste it? kæn ai teist it
¿Cuál es la especialidad de la zona?	What's the local speciality? uots də lou·kəl spe·sha·li·ti
¿Cuánto?	How much? hau mach
¿Cuántos/as?	How many? hau me·ni
¿Cuánto vale (un kilo de queso)?	How much is (a kilo of cheese? hau mach is (æ ki·lou of chiis)
¿Tiene algo más barato?	Do you have anything cheaper? du yu hæv e·ni·ziŋ chii·pər
¿Tiene otros tipos?	Do you have any other kinds? du yu hæv e·ni o·dər kainds
¿Venden comida producida localmente?	Do you sell locally produced food? du yu sel lou·kə·li pro·diust fuud

¿Venden productos orgánicos?	Do you sell organic produce? du yu sel or·*gæ*·nik pro·*dius*
Póngame ...	I'd like ... aid laik ...

(tres) piezas	(three) pieces	(zrii) *pi*·sis
(seis) lonchas	(six) slices	(siks) *slai*·sis
(dos) kilos	(two) kilos	(tu) *ki*·lous
(doscientos) gramos	(200) grams	(tu *han*·dred) græms

media docena	half a dozen ḥalf æ *dou*·sen
medio kilo	half a kilo ḥalf æ *ki*·lou
un kilo	a kilo æ *ki*·lou
una botella (de ...)	a bottle (of ...) æ *ba*·təl (of ...)
una jarra	a jar æ yar
un paquete	a packet æ *pæ*·kit
(solo) un poquito	(just) a little (yast) æ *li*·təl
muchos/as	many *me*·ni
(un poco) más	(a bit) more æ bit mor
algunos/as	some som

SE OIRÁ

That's (Cheddar).	đats (*che*·dər)
	Eso es (queso Cheddar).
That's (five euros).	đats (faiv paunds)
	Eso es (cinco euros).
Anything else?	e·ni·ziŋ els
	¿Algo más?

menos	less
	les
ese	that one
	đat uan
esto	this
	đis
¡Basta!	Enough!
	i·*naf*

Para más vocabulario, véase **Glosario gastronómico** (p. 188) y **Diccionario**.

Cocinar

cocido/a	cooked
	kukt
seco/a	dried
	draid
fresco/a	fresh
	fresh
congelado/a	frozen
	frou·sen
crudo/a	raw
	roo
ahumado/a	smoked
	smouked

¿Me puede prestar un/una ...?	Could I please borrow a/an ...?
	kud ai pliis *bo*·rrou æ/æn ...
¿Dónde hay un/una ...?	Where's a/an ...
	uers æ/æn ...

abrebotellas	bottle opener	*ba*·təl *ou*·pe·nər
abrelatas	can opener	kæn *ou*·pe·nər
tabla para cortar	chopping board	*cho*·piŋ bord
sacacorchos	corkscrew	*kork*·skriu
taza	cup	kap
tenedor	fork	fork
sartén	frying pan	*fra*·yiŋ pæn
vaso	glass	glas
cuchillo	knife	naif
plato	plate	pleit
cazo	saucepan	*sos*·pæn
cuchara	spoon	spuun
tostadora	toaster	*tous*·tər

Para más vocabulario, véase **Diccionario**.

Comida vegetariana y de dieta

FRASES ÚTILES

¿Tienen comida vegetariana?	Do you have vegetarian food?	du yu hæv ve·yi·*ti*·riən fuud
¿Me puede preparar una comida sin ...?	Could you prepare a meal without ...?	kud yu pri·*per* æ miil ui·*zaut* ...
Soy alérgico/a a ...	I'm allergic to ...	aim ə·*ler*·yik tu ...

Dietas especiales y alergias

Soy vegetariano/a.	I'm vegetarian aim ve·yi·*ti*·riən
Sigo una dieta especial.	I'm on a special diet. aim on æ *spe*·shəl daiet
Soy alérgico/a a ...	I'm allergic to ... aim ə·*ler*·yik tu ...

a los productos lácteos	dairy produce	*de*·ri pro·*dius*
a la miel	honey	*ha*·ni
al glutamato monosódico	MSG	em es yi
a las nueces	nuts	nats
a los mariscos	seafood	*sii*·fuud
a los crustáceos	shellfish	*shel*·fish

Pedir la comida

¿Hay algún restaurante (vegetariano) por aquí?	Is there a (vegetarian) restaurant near here? is đer æ (ve·yi·ti·riən) res·tə·rant niər ħiər
¿Tienen comida vegetariana?	Do you have vegetarian food? tye·nen ko·mee·da ve·khe·ta·rya·na
¿Tienen comida halal?	Do you have halal food? du yu ħæv ħə·lal fuud
¿Tienen comida kosher?	Do you have kosher food? du yu ħæv kou·sher fuud
¿Tienen comida vegetariana estricta?	Do you have vegan food? du yu ħæv vi·gən fuud
No como carne roja.	I don't eat red meat. ai dont iit red miit
¿Está cocinado con mantequilla?	Is cooked in/with butter? is it kukt in/uiz ba·tər
¿Me puede preparar una comida sin ...?	Could you prepare a meal without ...? kud yu pri·per æ miil ui·zaut ...

huevo	eggs	egs
pescado	fish	fish
caldo de carne/ pescado	meat/fish stock	miit/fi sh stok
cerdo	pork	pork
aves	poultry	poul·tri

Can you eat ...? kæn yu iit ...
¿Puede comer ...?

I'll check with the cook. ail chek uiz də kuuk
Le preguntaré al cocinero.

It all has (meat) it. it ol has (miit) in it
Todo lleva (carne).

¿Esto es ...? Is this ...?
is dis...

sin productos animales	free of animal produce	frii of æ·*ni*·mal *pro*·dius
de corral	free-range	frii reinch
transgénico	genetically modified	ye·*ne*·ti·kə·li *mo*·di·faid
sin gluten	gluten-free	*glu*·tən·frii
bajo en azúcar	low in sugar	lou in *shu*·gər
bajo en grasas	low fat	*lou*·fæt
orgánico	organic	or·*gæ*·nik
sin sal	salt free	solt frii

COMIDA · COMIDA VEGETARIANA Y DE DIETA

Glosario
~ GASTRONÓMICO ~
glosario gastronómico

Este pequeño glosario de la cocina anglosajona está pensado para ayudar al viajero a descifrar cualquier carta.

~ A ~

Aberdeen angus æ·bər·diin æn·gus ternera escocesa
afternoon tea af·tər·nuun tii té de la tarde servido con pequeños emparedados, galletitas y pastel
almond cake a·mənd keik pastel de almendras
almonds a·mənds almendras
anchovies æn·chə·vis anchoas
aniseed æ·ni·siid semillas de anís
apple æpl manzana
apricot ei·pri·kot albaricoque
artichokes ar·ti·shouks alcachofas
asparagus əs·pæ·rə·gəs espárragos
aubergine ou·bər·yin berenjena
avocado æ·və·ka·dou aguacate

~ B ~

bacon bei·kən bacón
baguette bæ·get barra de pan, baguette
baked apples beikt æpls manzanas asadas
baked beans beikt biins judías cocidas con salsa de tomate; se toman con el desayuno inglés y con casi todo
baked tuna pudding beikt tiu·nə pu·diŋ pudin de atún
banana bə·na·nə plátano
bangers and mash bæ·ŋers ænd mash salchichas con puré de patata y salsa de carne
barbecued bar·bi·kiud a la barbacoa
bay leaf bei liif hoja de laurel
beans on toast biins on toust judías con tomate sobre una tostada de pan de molde
beef biif ternera
beetroot bii·trut remolacha
biscuit bis·kit galleta
black pudding blæk pu·diŋ morcilla
blackberry blæk·bə·rri mora
blueberry blu·bə·rri arándano
boiled boilt hervido
brains breins sesos
braised breist a la brasa cocinado lentamente
bread bred pan
— white bread uait bred pan blanco
— wholemeal bread houl·miil bred pan integral
— nan bread nan bred pan típico hindú

— bagels bei·gəls bollos redondos con un agujero en medio

— pita bread pi·ta bred pan ácimo árabe, fino como una crepe

— rye bread rai bred pan de centeno

breadcrumbs bred·krambs pan rallado

bread roll bred rol bollo

bread roll with a filling bred rol uiz æ fi·liŋ bocadillo

bream briim sargo

breast of chicken brest of chi·ken pechuga de pollo

broad beans brod biins habas

broccoli bro·kə·li brécol

broth broz caldo, potaje

brownie brau·ni pastelillo de chocolate y nueces

Brussels sprouts bra·sels sprauts coles de Bruselas

bun ban panecillo de hamburguesa

— swiss bun suis ban pan dulce estilo bollo suizo

butter ba·tər mantequilla

— salted butter sol·tid ba·tər mantequilla con sal

— unsalted butter an·sol·tid ba·tər mantequilla sin sal

~ C ~

cabbage kæ·bich col, repollo

— red cabbage red kæ·bich col lombarda

cake keik pastel; normalmente se sirve con nata o *custard*, crema pastelera muy líquida

— wedding cake ue·diŋ keik pastel de boda

— birthday cake berz·dei keik pastel de cumpleaños

— chocolate cake cho·klit keik pastel de chocolate

— chocolate truffle cake cho·klit trafl keik pastel de chocolate y trufa

calamari ka·la·ma·ri calamares

— squid rings fried in batter skuid riŋs fraid in ba·tər calamares fritos a la romana

cannelloni ka·ne·lo·ni canelones

caper kei·pər alcaparra

caramel kæ·rə·məl caramelo

carrot kæ·rrət zanahoria

cashew nut kæ·shu nat anacardo

casserole kæ·sə·roul puchero

cauliflower ka·li·fl a·uər coliflor

caviar kæ·viar caviar

celery se·lə·ri apio

cereal si·riəl cereales

Ceylon si·lan variedad de té de sabor fuerte

cheese chiis queso

— blue cheese blu chiis queso azul

— Cheddar che·dər probablemente el queso inglés más famoso

— cream cheese kriim chiis queso crema

— Stilton stil·ton queso azul muy reconocido, con denominación de origen

— Cottage cheese ka·tich chiis queso fresco

cheese straws chiis strous palitos de queso

cherry che·rri cereza

— wild cherry uaild che·rri cereza silvestre

chestnut ches·nat castaña

chicken chi·ken pollo

— in garlic sauce in gar·lik sos pollo en salsa de ajo

— chicken casserole chi·ken kæ·sə·roul puchero de pollo

— marinated chicken ma·ri·nei·tid chi·ken pollo marinado para barbacoa o grill

— chicken Kiev chi·ken kiev muslo de pollo deshuesado y relleno de mantequilla, ajo y perejil

chicken leg & thigh chi·ken leg ænd zai muslo de pollo

D

chicken wing chi·ken uiŋ ala de pollo

chickpeas chik·piis garbanzos

chives chaivs cebollino

chocolate cho·klit chocolate

— hot chocolate hot cho·klit chocolate caliente

chocolate eclair cho·klit ei·kler petisú de chocolate

chocolate mousse cho·klit mus mousse de chocolate

chopped chopt picado

chops chops chuletas

chutney chat·ni frutas y verduras en salsa agridulce, que se sirven de entrante o para acompañar carnes en los restaurantes hindúes

cinnamon si·nə·mən canela

citrus fruits si·trəs fruts cítricos

clams klæms almejas

coated in breadcrumbs kou·tid in bred·krambs empanado

cockles ka·kəls berberechos

— pickle cockles pi·kəl ka·kəls berberechos en vinagre

coconut kou·kə·nat coco

cod & potato stew kod ænd pə·tei·tou stiu porrusalda

cod kod bacalao

cod fritters kod fri·tərs fritos de bacalao

coley kou·li abadejo

cold kould frío

cold meats kould miits fiambres

confectionery kən·fek·shə·nə·ri repostería

congereel koŋ·gər iil congrio

cool kuul fresco

corn korn maíz

— corn on the cob korn on də kob mazorca de maíz cocida, con mantequilla y sal

— sweetcorn suit·korn maíz tierno

courgette kur·yet calabacín

crab kræb cangrejo

cranberry kræn·bə·rri arándano

crayfish krei·fish cigala

cream kriim nata líquida, crema

— fresh cream fresh kriim nata

— whipped cream uipt kriim nata montada

— cream of vegetable soup kriim of ve·yi·tə·bəl suup crema de verduras

crème caramel krem kæ·rə·məl flan

cress kres berro

cucumber kiu·kam·bər pepino

cured kiurt en salazón, conservado en sal

curry ka·rri curri; es casi el plato nacional inglés y se puede tomar en todas partes

custard cream kas·təd kriim crema pastelera muy líquida

— chocolate custard cho·klit kas·tad crema pastelera de chocolate

cuttlefish ka·təl·fish sepia

~ **D** ~

Danish pastries dei·nish peis·tri deliciosa bollería fina con frutas, canela y crema pastelera

dairy products de·ri pro·dakts productos lácteos

dairy ice cream de·ri ais kriim mantecado

dark-roasted coffee beans dark·rous·tid ko·fi biins café torrefacto

Darjeeling dar·yi·liŋ té muy ligero y aromático

deep-fried diip·fraid fritura en aceite muy abundante, generalmente en freidora

deep-fried prawns diip·fraid prons camarones fritos

deer diər ciervo

dessert di·sert postre

diced daist cortado en dados

dill dil eneldo

dim sum dim sum comida especial china consistente en pequeñas tapas que suele tomarse en festividades o domingos

dipping sauce di·piŋ sos mojo

— yoghurt and mint yo·gərt ænd mint mojo de yogur y menta

— onion and chives a·nian ænd chaivs mojo de cebolla y cebollino

— sour cream sauər kriim crema agria

— guacamole ua·kə·mou·li guacamole

— tomato and chilli tə·ma·tou ænd chi·li mojo de tomate y chile picante

dogfish dog·fish cazón

dried kidney bean draid kid·ni bin judía

dried fruits draid frut frutos secos

duck dak pato

— orange duck o·rinch dak pato a la naranja

— aromatic crispy duck æ·rou·mæ·tik kris·pi dak especialidad china, pato crujiente deshuesado con tortitas y salsa de ciruela

dumpling dam·pliŋ especialidad china, saquito de pasta de arroz al vapor relleno de carne y verduras

~ E ~

Easter egg iis·tər eg huevo de chocolate de Pascua, mona de Pascua

eccles e·kəls dulce de milhojas y pasas

eel iil anguila

egg eg huevo

— boiled egg boilt eg huevo pasado por agua

— fried egg fraid eg huevo frito

— scrambled eggs skræm·bəlt egs huevos revueltos

— poached eggs poutch egs huevos escalfados

— chocolate egg cho·klit eg huevo de chocolate

— Scotch egg skoch eg huevo duro recubierto de carne de cerdo y rebozado en pan rallado

English breakfast in·glish brek·fəst copioso desayuno inglés que se puede tomar en cualquier momento del día; contiene bacón, salchichas, champiñones, huevo frito o revuelto, tomate a la plancha, morcilla, judías con tomate, pan tostado con mermelada y mantequilla

English Breakfast Tea in·glish brek·fəst ti té tradicional de desayuno; no es muy fuerte

English hot pot in·glish hot pot riñones y carne de cordero con patatas al horno

Earl Grey Tea el grei ti té aromático y de calidad reconocida

~ F ~

fennel fenl hinojo

fig fig higo

fillet fi·lit filete

fish fish pescado

— and chips fish ænd chips filete de pescado, rebozado y frito con patatas fritas; se le suele echar vinagre de malta

— cakes fish keiks parecidas a hamburguesas de pescado con puré de patata, empanadas y fritas

— fingers fish fiŋ·gərs palitos de pescado

flaky pastries flei·ki peis·tris hojaldres

flapjack flæp·yæk torta de avena

flour fl·uər harina

— wholemeal flour houl·miil fl·a·uər harina integral

French toast french toust tostada de pan de molde bañada en huevo batido y frito en la sartén con mantequilla

G

fresh green bean fresh griin biin judía verde
fried pastry fraid peis·tri buñuelo
fritters fri·tərs fritos
— honey-roasted fritters ha·ni rous·tid fri·tərs con miel
fruit frut fruta
fruit in syrup frut in si·rəp frutas en almíbar
fudge fach dulce cremoso de leche, mantequilla y azúcar, muy parecido al tofe pero mucho más blando

~ G ~

game geim caza
gammon steak gæ·mən steik filete de lacón frito o al grill
— gammon and pineapple steak gæ·mən ænd pai·næ·pəl steik lacón servido con piña; es muy típico
garlic gar·lik ajo
— garlic bread gar·lik bred pan con ajo y aceite tostado; se toma de primero
— garlic mayonnaise gar·lik me·yə·neis alioli
— garlic mushrooms gar·lik mash·ruums champiñones al ajillo
garnished gar·nisht con guarnición, aderezado
gherkin ger·kin pepinillo
ginger yin·yər jengibre
goat gaut cabra
goose gus oca
grain grein grano
grape greip uva
— raisin rei·sən uva pasa
— sultana sal·ta·nə uva sultana
— currant ka·rrant uva de corinto
grapefruit greip·frut pomelo
grated grei·tid rallado
gravy grei·vi salsa densa de carne hecha con el jugo de asar la carne y harina

greengage griin·geich ciruela claudia
greens griins verduras
green salad griin sæ·ləd ensalada verde
grey mullet gri ma·lit mújol
grilled meat grilt miit parrillada
ground graund picado, molido
guineafowl gi·nii·faul pintada

~ H ~

haddock hæ·dək abadejo
haddock steaks hæ·dək steiks medallones de abadejo
haggis hæ·gis asaduras de cordero, avena y especias cocidas en las tripas del animal; es un plato típicamente escocés
hake heik merluza
halibut hæ·li·bət fletán
ham hæm jamón
— cooked ham kukt hæm jamón cocido
— honey roasted ham ha·ni rous·tid hæm jamón entero cocido y asado al horno con miel
hamburger hæm·bur·gər hamburguesa
hard hard duro
hare her liebre
hare stew her stiu civet de liebre
haricot bean hæ·ri·kou biin alubia
hazelnut hei·sel·nat avellana
heart hart corazón
herbs herbs hierbas aromáticas
herring he·rriŋ arenque
— kipper ki·pər ahumado
home made hom meid casero
honey ha·ni miel
hot spicy hot spai·si picante
hot dog hot dog perrito caliente

~ I ~

ice cream ais kriim helado
Irish stew ai·rish stiu estofado de cordero; es un plato irlandés

~ J ~

jam yæm mermelada de cualquier sabor excepto naranja
jellied ye·lid en gelatina
John Dory yon do·ri pez de San Pedro o San Martín

~ K ~

kebab kə·bæb plato típico de los países árabes; es como un bocadillo de pollo o cordero con ensalada y salsa de ajo o picante
kidney kid·ni riñones
king prawns kiŋ prons langostinos
— grilled king prawns grilt kiŋ prons a la plancha

~ L ~

lamb & chicken kebabs læmb ænd chi·ken kə·bæbs pincho moruno de pollo o cordero y ensalada
lamb læmb cordero
Lancashire hot pot lan·kə·sha·iə hot pot estofado de cordero y riñones recubierto de patatas cortadas en dados
lard lard manteca
large clam larch klæm coquina
leek liik puerro
leg of lamb leg of læmb pierna de cordero
legumes le·giums legumbres
lemon le·mən limón
— meringue le·mən mə·raŋ típica tarta de merengue de limón
lemon sole le·mən soul platija
lentils len·təls lentejas
lettuce le·tis lechuga
lime laim lima
liver li·vər hígado
liver and bacon with onions li·vər ænd bei·kən uiz a·niəns hígado con bacón y cebolla
lobster lobs·tər langosta

loin loin lomo
— of pork loin of pork lomo de cerdo

M

~ M ~

mackerel mæ·krəl caballa
— smoked mackerel smoukt mæ·krəl caballa ahumada; es muy típica
maize meis maíz
mangetout many·tu tirabeques, judías verdes anchas y planas, muy tiernas
mango maŋ·gou mango
maple syrup mei·pəl si·rəp jarabe de arce
margarine mar·gə·rin margarina
marinade mæ·ri·neid marinada
marmalade mar·mə·leid mermelada, pero solo la de naranja amarga
marshmallows marsh·mæ·lou nubes, dulces de goma arábiga
marzipan mar·si·pæn mazapán
mashed potatoes mæsht pə·tei·tous puré de patata
mayo me·you mayonesa
mayonnaise me·yə·neis mayonesa
— garlic mayonnaise gar·lik me·yə·neis alioli
meat & vegetable stew miit ænd ve·yi·tə·bəl stiu estofado de carne y verduras
meat miit carne
— minced meat minst miit carne picada
— stewed stiud carne estofada
meatballs miit·bols albóndigas
— meatball stew miit·bol stiu estofado de albóndigas
melon me·lən melón
meringue mə·raŋ merengue
mild green chilli maild griin chi·li guindilla verde no muy picante
milk milk leche

— skimmed milk ski·mid milk leche desnatada

— semi-skimmed milk se·mi·ski·mid milk leche semidesnatada

— whole milk houl milk leche entera

mint mint menta

monkfish mank·fish rape

mozzarella in carozza mod·sə·rel·la in ka·rod·sa rebanadas de mozzarella rebozadas y fritas con salsa de tomate

muffin ma·fin magdalena pero un poquito más grande

mushrooms mash·ruums champiñones

mushy peas ma·shi piis puré de guisantes para acompañar carnes o pescados

mussels ma·səls mejillones

mustard mas·təd mostaza

— mustard seed mas·təd siid mostaza en grano

— English mustard in·glish mas·təd mostaza inglesa, generalmente fuerte y picante

— French mustard french mas·təd mostaza francesa

mutton ma·tən oveja

~ N ~

noodles nu·dəls fideos

nut nat nuez

nuts nats frutos secos en general

— pecan nut pi·kan nat de pecán

— walnut ual·nat nuez de nogal

nutmeg nat·meg nuez moscada

~ O ~

oat out avena

octopus ok·tə·pəs pulpo

offal ou·fəl despojos

oil oil aceite

— olive oil o·liv oil aceite de oliva

— extra virgin olive oil eks·trə ver·yin o·liv oil aceite de oliva virgen extra

— sunflower oil san·fl a·uər oil aceite de girasol

olive o·liv aceituna

— green olive griin o·liv aceituna verde

— black olive blæk o·liv aceituna negra

omelette om·let tortilla; muy habitual para desayunar

— plain omelette plein om·let tortilla francesa

— ham omelette hæm om·let tortilla francesa de jamón dulce

— cheese omelette chiis om·let tortilla francesa de queso

— mushroom omelette mash·ruums om·let tortilla francesa de champiñones

onion a·niən cebolla

orange o·rinch naranja

organic produce or·gæ·nik pro·dius productos biológicos

oxtail oks·teil rabo de buey

oyster ois·tər ostra

~ P ~

pancakes pæn·keiks crepes

partridge par·tri·chis perdiz

pastry peis·tri masa, pasta, especie de empanadilla

— Cornish pasty kor·nish pas·ti especie de empanadilla grande rellena de carne, patata y verduras

— Steak and Stilton steik ænd stil·ton empanadilla de carne de vacuno y queso azul

— cheese and onion chiis ænd a·niən empanadilla de queso y cebolla

— ham and cheese hæm ænd chiis empanadilla de queso y jamón cocido

— sausage roll so-sich rol empanadilla de salchicha

pea pii guisante

peach piich melocotón

peaches and cream pii-chis ænd kriim melocotones con nata líquida

peanut pii-nat cacahuete

pear per pera

peeled piilt pelado

pepper pe-par pimienta

peppercorn pe-par-korn pimienta en grano

perch perch perca

pheasant fesnt faisán

pickles pi-kals encurtidos

pie pai pastel, tarta

— apple crumble æpl kram-bəl pastel de manzana asada y pasta quebrada

— apple pie æpl pai pastel de manzana

— rhubarb crumble ru-barb kram-bəl pastel de ruibarbo y pasta quebrada

— banoffee pie ba-no-fi pai pastel de tofe, nata y plátano

pie pai especie de empanada

— steak and kidney pie steik ænd kid-ni pai pastel de riñones y carne

— liver and bacon pie li-vər ænd bei-kən pai pastel de hígado y bacón

— shepherd's pie she-fərs pai pastel de carne de ternera picada y puré de patata

— mince pie mins pai pastel de picadillo de fruta

— meat pie miit pai pastel de ciervo

— cottage pie ko-tich pai pastel de carne picada y puré de patata

pigeon pi-yən pichón

pike paik lucio

pineapple pai-næ-pəl piña

pinenut pain-nat piñón

pinto bean pin-tou biin pinta

pistachio nut pis-ta-kiou nat pistacho

plaice pleis platija

ploughman's lunch plau-mans lanch plato de pan con queso y encurtidos; almuerzo habitual en el pub

plum plam ciruela

— prune prun ciruela pasa

pomegranate pom-græ-nit granada

popcorn pop-korn palomitas de maíz

pork sausage pork so-sich salchicha

pork pork cerdo

porridge po-rrich copos de avena u otros cereales, cocido en leche o agua, típico para el desayuno

potatoes pa-tei-tous patatas

— roast potatoes roust pa-tei-tous patatas asadas alrededor de la carne en el horno

— boiled potatoes boilt pa-tei-tous patatas hervidas

— crisps krisps patatitas de bolsa

— French fries french frais patatas fritas

— baby roast potatoes bei-bi roust pa-tei-tous patatas nuevas pequeñas horneadas con piel en mantequilla, ajo y perejil

— jacket potatoes yakt pa-tei-tous patatas asadas con piel y con relleno a escoger; son muy típicas

poultry poul-tri aves

prawns prons gambas

— grilled prawns grilt prons gambas a la plancha

— prawns tempura prons tem-pu-ra gambas en gabardina

preservatives pri-ser-va-tivs conservantes

pudding pu-diŋ pudin

— bread and butter pudding bred ænd ba-tər pu-diŋ pudin de pan, mantequilla, leche y pasas, gratinado al horno

— **steak and kidney pudding** steik ænd kid·ni pu·diŋ pudin de carne y riñones

— **treacle pudding** trii·kəl pu·diŋ pudin dulce de melaza

— **Christmas pudding** kris·məs pu·diŋ pastel de Navidad de bizcocho, jengibre, frutos secos y frutas escarchadas; es muy denso

— **Yorkshire pudding** york·shiə pu·diŋ torta de pasta hecha de harina y leche que se sirve con el roast beef tradicional

pumpkin pamp·kin calabaza

~ **Q** ~

quail kueil codorniz

quince kuins membrillo

~ **R** ~

rabbit ræ·bit conejo

rabbit stew ræ·bit stiu guiso de conejo

radish ræ·dish rábano

rare rer poco hecho

raspberry ras·bə·rri frambuesa

razor clam rei·sər klæm navaja

red bream red briim besugo

red mullet red ma·lit salmonete

rhubarb ru·barb ruibarbo

ribs ribs costillas

rice rais arroz

— **brown rice** braun rais arroz integral

— **jerk chicken** yerk chi·ken arroz con pollo, plato tradicional jamaicano

— **long-grain rice** loŋ·grein rais arroz de grano largo

— **pilau rice** pi·lau rais arroz tradicional hindú

— **risotto** ri·sou·tou risotto

— **rice pudding** rais pu·diŋ arroz con leche

rich rich muy fuerte (salado), empalagoso (dulce)

roast meat roust miit asado de carne

— **roast beef** roust biif asado de ternera, con verduras, patatas al horno, salsa de carne y Yorkshire, comida familiar de domingo

— **roast chicken** roust chi·ken asado de pollo con verduras, patatas al horno, salsa de carne; plato típico de domingo

— **roast lamb** roust lamb asado de cordero

— **roast pork** roust biif asado de cerdo

roasted peppers roust pe·pərs pimientos asados

rocket ro·kit rúcula

root ruut raíz

rosemary rous·mə·ri romero

round (of beef) raund (of biif) redondo (de ternera)

rump steak ramp steik filete de cadera, churrasco

~ **S** ~

sage seich salvia

salad sæ·ləd ensalada

— **salad dressing** sæ·ləd dre·siŋ aliño de la ensalada

— **Ceasar salad** si·sar sæ·ləd ensalada con pollo, parmesano y picatostes, aliñada con salsa César.

— **Coleslaw** ko·ləs·lou ensalada de col, zanahoria, cebolla, mayonesa y yogur

— **mixed salad** mikst sæ·ləd ensalada mixta

— **seasonal salad** sii·sə·nəl sæ·ləd ensalada del tiempo

— **tricolour salad** tri·kə·lər sæ·ləd ensalada de tomate, aguacate y mozzarella

— **potato salad** pə·tei·tou sæ·ləd ensalada de patatas

— **fruit salad** frut sæ·ləd macedonia

salmon sæ·mən salmón

— **smoked salmon** smoukt sæ·mən salmón ahumado

salted pork sol·tid pork tocino

sandwich sæn·uich emparedado, sándwich

sardines sar·dins sardinas

sauce sos salsa

— **horseradish sauce** hors·ræ·dish sos salsa de rábano picante que suele servirse con el roast beef

— **sweet and sour sauce** suiit ænd sauər sos salsa agridulce

— **hollandaise sauce** ho·lan·des sos salsa holandesa

— **mayonnaise sauce** me·yə·neis sos mayonesa

— **tartar sauce** tar·tar sos salsa tártara

— **tomato sauce** tə·ma·tou sos salsa de tomate

— **Worcestershire sauce** gus·tə·shə sos salsa Worcestershire

— **parsley & garlic sauce** pars·li ænd gar·lik sos salsa verde

— **white sauce** uait sos salsa de pan, harina y leche

— **mint sauce** mint sos salsa de menta; se sirve con cordero

— **apple sauce** æpl sos salsa de manzana; se sirve con cerdo

salty sol·ti salado

scampi skæm·pi gambas a la gabardina

scones skons bollos dulces tradicionales que se toman con el té, se rellenan de nata fresca y mermelada

scorpion fish skor·piən fish cabracho

sea bass sii bas lubina

sea bream sii briim besugo

sea trout sii traut reo

seafood products sii·fuud pro·dakts productos del mar

seaweed sii·uid algas

shallot shə·lot chalota

shellfish shel·fish marisco

shortbread shor·bred tradicionales galletas escocesas de mantequilla

sirloin ser·loin solomillo

skinned skind sin piel

slice slais loncha

soft soft blando

sole soul lenguado

sorbet sor·bit sorbete

soup suup sopa, son más espesas que las españolas, parecidas a las cremas

— **soup of the day** suup of də dei sopa del día

— **leek and potato soup** liik ænd pə·tei·tou suup sopa de puerro y patata; es muy típica

— **lentil and bacon soup** len·təl ænd bei·kən suup sopa de lentejas y bacón

— **cheese and onion soup** chiis ænd a·niən suup sopa de queso y cebolla

— **carrot and coriander soup** kæ·rrot ænd ko·riæn·dər suup sopa de zanahoria y cilantro

— **wild mushroom soup** uaild mash·ruum suup crema de setas

soy bean soi biin soja

spaghetti spə·ge·ti espaguetis

spices spai·sis especias

spinach spi·nich espinacas

sponge cake spanch keik bizcocho

squid skuid calamar

steak steik bistec, filete

— **steak and chips** steik ænd chips bistec con patatas

— **grilled beef steak** grilt biif steik bistec a la parrilla

— **veal steak** viil bistec de ternera (carne blanca)

steamed stiimt al vapor

stew stiu guiso

— **chicken & vegetable stew** chi·ken ænd ve·yi·tə·bəl stiu guiso de pollo y verduras

— **lamb stew** læmb stiu guiso de cordero

T

stewed ox tail stiut oks teil guiso de rabo de buey

strawberry stro-be-rri fresa

streaky bacon strii-ki bei-kan panceta

stuffing sta-fi ŋ relleno

suckling pig sa-kliŋ pig cochinillo

sugar shu-gar azúcar

— brown braun azúcar moreno

— white uait azúcar blanquilla

— raw roo azúcar de caña

sweet suit dulce

sweet potato suit pə-tei-tou boniato

sweetbreads suit-breds mollejas

swordfish sord-fish pez espada

~ T ~

tangerine tæn-ya-rin mandarina

tart tart tarta, siempre se sirven con nata o *custard*, crema pastelera muy líquida

— almond tart a-mand tart tarta de almendras

tartlet tar-tlit tartaleta

tasty teis-ti sabroso

tender ten-dar tierno

thyme taim tomillo

toad in the hole toud in də houl salchichas dentro de una cesta de pasta, parecida al pudin Yorkshire, con salsa de carne

tomato tə-ma-tou tomate

— plum tomato plan tə-ma-tou tomate (de) pera

— tinned tomato sauce tind tə-ma-tou sos tomate frito en lata

— tinned whole tomatoes tind houl tə-ma-tous tomates enteros y pelados en lata

tongue tang lengua

trifle traifl bizcocho borracho con frutas y crema pastelera

trout traut trucha

truffle trafl trufa

tuna tiu-nə atún

tuna mayo tiu-nə me-you bonito con mayonesa

turbot ter-bat - bril rodaballo

turkey ter-ki pavo

turnip ter-nip nabo

~ V ~

vanilla və-ni-lə vainilla

veal viil ternera joven, carne blanca

vegetables ve-yi-tə-bls hortalizas, verduras

venison ve-ni-sn venado

vine leaf vain liif hoja de parra

— stuffed staft hojas de parra rellenas de arroz, típicamente árabes y griegas

vinegar vi-ni-gar vinagre

~ W ~

waffle uafl gofre

water uo-tar agua

watercress uo-tar-kres berro

watermelon uo-tar-me-lan sandía

well done uel don bien hecho

wheat uiit trigo

white bean uait biin habichuela

white mushrooms uait mash-ruums champiñones

white pudding uait pu-diŋ salchicha de carne de cerdo y especias

white tuna uait tiu-nə bonito

whiting ui-tiŋ - yauŋ heik pescadilla

wild boar uaild bor jabalí

wild mushrooms uaild mash-ruums setas

with soy uiz soi con o de soja

wraps ræps bocadillo envuelto en una tortita tipo mexicana o pita

~ Y ~

yoghurt yo-gərt yogur

~ Z ~

zucchini su-ki-ni calabacín

Diccionario

INGLÉS-ESPAÑOL

English–Español

A

(to be) able tu bi *ei*·bol poder
aboard ə-*bord* a bordo
abortion ə-*bor*-shən aborto
about ə-*baut* sobre
above ə-*bouv* arriba
abroad ə-*broud* en el extranjero
accept ək-*sept* aceptar
accident æk-si-dent accidente
accommodation ə-ko-mo-*dei*-shən alojamiento
across ə-*kros* a través
activist ak-ti-vist activista
acupuncture ə-kiu-*punk*-chər acupuntura
adaptor ə-*dap*-tər adaptador
address ə-*dres* dirección
administration ad-mi-nis-*trei*-shən administración
admission price ad-*mi*-shən prais precio de entrada
admit ad-*mit* admitir
adult ə-*dult* adulto
advertisement ad-ver-*tais*-ment anuncio
advice ad-*vais* consejo
aerobics e-*ro*-bik aeróbic
Africa æ-fri-ka África
after af-tər después de
aftershave af-tər-sheiv bálsamo aftershave
again ə-*gen* otra vez
age eich edad
aggressive ə-*gre*-siv agresivo/a
agree ə-*grii* estar de acuerdo
agriculture ə-gri-*kul*-chər agricultura

AIDS eids SIDA
air er aire
air mail er meil por vía aérea
air-conditioned er kən-*di*-sha-nid con aire acondicionado
air-conditioning er kən-*di*-sha-niŋ aire acondicionado
airline er-*lain* aerolínea
airport er-port aeropuerto
airport tax er-port taks tasa del aeropuerto
alarm clock ə-*larm* klok despertador
alcohol æl-kə-hol alcohol
all ol todo
allergy æ-ler-yi alergia
allow ə-*lou* permitir
almonds a-mənds almendras
almost ol-*moust* casi
alone ə-*loun* solo/a
already ol-*re*-di ya
also ol-sou también
altar ol-tər altar
altitude æl-ti-tiud altura
always ol-*ueis* siempre
amateur æ-mə-tər amateur
ambassador æm-bæ-sə-dər embajador/a
among ə-*moŋ* entre
anarchist æ-nər-kist anarquista
ancient ein-shənt antiguo/a
and ænd y
angry æn-gri enfadado/a
animal æ-ni-mal animal
ankle æn-kəl tobillo
answer æn-sər respuesta
answering machine æn-sə-riŋ mə-*shin* contestador automático

B

ant ænt hormiga
anthology æn·zo·lo·yi antología
antibiotics æn·ti·bai·o·tiks antibióticos
antinuclear æn·ti·niu·kliər antinuclear
antique æn·tik antigüedad
antiseptic æn·ti·sep·tik antiséptico
any e·ni alguno/a
appendix ə·pen·diks apéndice
apple æpl manzana
appointment ə·point·mənt cita
apricot ei·pri·kot albaricoque
archaeological ar·keo·lo·yi·kəl arqueológico/a
architect ar·ki·tekt arquitecto/a
architecture ar·ki·tek·chər arquitectura
argue ar·giu discutir
arm arm brazo
army ar·mi ejército
arrest ə·rrest detener
arrivals ə·rrai·vəls llegadas
arrive ə·rraiv llegar
art art arte
art gallery art ga·lə·ri museo de arte
artichoke ar·ti·shouk alcachofa
artist ar·tist artista
ashtray æsh·trei cenicero
Asia ei·sha Asia
ask (a question) ask (æ kues·tion) preguntar
ask (for something) ask (for som·ziŋ) pedir
aspirin æs·prin aspirina
assault ə·solt asalto
asthma æs·mə asma
athletics ə·zle·tiks atletismo
atmosphere æt·mas·fiər atmósfera
aubergine ou·bər·yin berenjena
aunt ant tía
Australia os·trei·liə Australia
automatic teller machine o·ta·mæ·tik te·lər mə·shin cajero automático
autumn o·təm otoño
avenue æ·və·niu avenida
avocado æ·və·ka·dou aguacate

B

B&W (film) blæk ænd uait (film) blanco y negro
baby bei·bi bebé
baby food bei·bi fuud comida de bebé
baby powder bei·bi pau·dər talco de bebé
babysitter bei·bi·si·tər canguros
back bæk espalda
back bæk respaldo
backpack bæk·pæk mochila
bacon bei·kən panceta
bad bæd malo/a
bag bæg bolso
baggage bæ·gich equipaje
baggage allowance bæ·gich ə·lo·uans límite de equipaje
baggage claim bæ·gich kleim recogida de equipajes
bakery bei·kə·ri panadería
balance (account) ba·lans (ə·kaunt) saldo
balcony bal·ko·ni balcón
ball bol pelota
ballet bæ·lei ballet
banana bə·na·nə plátano
band bænd grupo
bandage bæn·dich vendaje
band-aids bænd·eid tiritas
bank bæŋk banco
bank account bæŋk ə·kaunt cuenta bancaria
banknotes bæŋk·nouts billetes (de banco)
baptism bæp·ti·səm bautizo
bar bar bar
bar with music bar uiz miu·sik pub
bar work bar uork trabajo de camarero/a
baseball beis·bol béisbol
basket bas·ket canasta
basketball bas·ket·bol baloncesto
bath baz bañera
bathing suit bei·ziŋ sut bañador
bathroom baz·ruum baño
battery (car) bæ·tə·ri (kar) batería del coche
battery (small) bæ·tə·ri (smol) pila

be bi ser, estar
beach biich playa
bean sprouts biin sprauts brotes de soja
beans biins judías
beautiful biu·ti·fol hermoso/a
beauty salon biu·ti sæ·lon salón de belleza
because bi·kos porque
bed bed cama
bedding be·diŋ ropa de cama
bedroom bed·ruum habitación
bee bii abeja
beef biif carne de vaca
beer bi·ər cerveza
beetroot bii·truut remolacha
before bi·for antes
beggar be·gər mendigo/a
begin be·gin comenzar
behind bi·haind detrás de
below bi·lou abajo
best best lo mejor
bet bet apuesta
better be·tər mejor
between bi·tuin entre
bible bai·bəl biblia
bicycle bai·si·kəl bicicleta
big big grande
bike baik bici
bike chain baik chein cadena de bici
bike path baik paz carril-bici
bill bil cuenta
biodegradable baiə·di·grei·də·bəl biodegradable
biography bai·o·grə·fi biografía
bird berd pájaro
birth certificate berz sər·ti·fi·kit partida de nacimiento
birthday berz·dei cumpleaños
birthday cake berz·dei keik pastel de cumpleaños
biscuit bis·kit galleta
bite bait mordisco
bite bait bocado
bite bait picadura
black blæk negro/a
blanket blæn·kit manta
bleed bliid sangrar
blind blaind ciego/a

blister blis·tər ampolla
blocked blokt atascado/a
blood blad sangre
blood group blad grup grupo sanguíneo
blood pressure blad pre·shər presión arterial
blood test blad test análisis de sangre
blue blu azul
board bord embarcarse
boarding house bor·diŋ haus pensión
boarding pass bor·diŋ pas tarjeta de embarque
bone boun hueso
book buuk libro
book (make a reservation) buuk (meik æ re·sər·vei·shən) reservar
booked out buukt aut lleno/a
bookshop buuk·shop librería
boots buuts botas
border bor·dər frontera
boring bo·riŋ aburrido/a
borrow bo·rrou tomar prestado
botanic garden bə·tæ·nik gar·den jardín botánico
both bouz dos
bottle ba·təl botella
bottle opener ba·təl ou·pə·nər abrebotellas
bowl boul bol
box boks caja
boxer shorts bok·sər shorts calzoncillos
boxing bok·siŋ boxeo
boy boi chico
boyfriend boi·frend novio
bra bra sujetador
Braille breil Braille
brakes breiks frenos
branch office branch o·fis sucursal
brandy bræn·di coñac
brave breiv valiente
bread bred pan
brown bread braun bred pan moreno
bread rolls bred rols bollos
— rye rai pan de centeno
— sourdough sa·uvr·dəu pan de masa fermentada

DICCIONARIO

C

— **white bread** uait bred pan blanco
— **wholemeal** houl·miil integral
break breik romper
break down breik daun descomponerse
breakfast brek·fast desayuno
breasts brests senos
breathe briiz respirar
bribe braib soborno
bribe braib sobornar
bridge brich puente
briefcase briif·keis maletín
brilliant bri·liant cojonudo/a
bring briŋ traer
brochure brou·shar folleto
broken brou·kən roto/a
bronchitis bron·kai·tis bronquitis
brother bro·dər hermano
brown braun marrón
bruise brus cardenal, moratón
Brussels sprouts bra·sels sprauts coles de Bruselas
bucket ba·ket cubo
Buddhist bu·dist budista
buffet bo·fei bufé
bug bag bicho
build bild construir
building bil·diŋ edificio
bull bul toro
bullfight bul·fait corrida de toros
bullring bul·riŋ plaza de toros
bum bam culo
burn barn quemadura
bus bas autobús
bus bas autocar
bus station bas stei·shan estación de autobuses/autocares
bus stop bas stop parada de autobús
business bis·nis negocios
business class bis·nis klas clase preferente
business person bis·nis per·son comerciante
busker bas·kər artista callejero/a
busy bi·si ocupado/a
but bat pero
butcher's shop bat·chars shop carnicería
butter ba·tər mantequilla
butterfly ba·tər·flai mariposa

button ba·tan botón
buy bai comprar

C

cabbage kæ·bich col
cable kei·bal cable
cable car kei·bal kar teleférico
café kæ·fei café (local)
cake keik pastel
cake shop keik shop pastelería
calculator kæl·kiu·lei·tər calculadora
calendar kæ·lən·dər calendario
calf kalf ternero
camera kæ·mə·rə cámara
camera shop kæ·mə·rə shop tienda de fotografía
camp kæmp acampar
camping store kæm·piŋ stor tienda de artículos de camping
campsite kæmp·sait camping
can kæn lata
can (be able) kæn (bi ei·bəl) poder
can opener kæn ou·pə·nər abrelatas
Canada ka·na·da Canadá
cancel kæn·səl cancelar
cancer kæn·sər cáncer
candle kæn·dəl vela
car kar coche
car hire kar hair alquiler de coche
car owner's title kar ou·nərs tai·təl papeles del coche
car registration kar re·yis·trei·shan matrícula
caravan kæ·rə·væn caravana
cards kards cartas
care (about something) ker (ə·baut som·zin) preocuparse por
care (for someone) ker (for som·uan) cuidar de
caring ke·riŋ bondadoso/a
carpark kar·park aparcamiento
carpenter kar·pin·tər carpintero/a
carrot kæ·rrat zanahoria
carry kæ·rri llevar
carton kar·tan cartón
(flow) cash (flou) kash dinero en efectivo
cash (a cheque) kæsh (æ chek) cambiar (un cheque)

cash register *kæsh re-yis-tar* caja registradora

cashew nut *kæ-shiu nat* anacardo

cashier *kæ-shiar* caja

casino *ka-si-nou* casino

cassette *kæ-set* casete

castle *ka-sal* castillo

casual work *kæ-shual uork* trabajo eventual

cat *kæt* gato/a

cathedral *ka-zi-dral* catedral

Catholic *kæ-za-lik* católico/a

cauliflower *ka-li-fla-uar* coliflor

caves *keivs* cuevas

CD *si di* CD

celebrate *se-li-breit* celebrar

celebration *se-li-brei-shan* celebración

cemetery *se-mi-tri* cementerio

cent *sent* céntimo

centimetre *sen-ti-mi-tar* centímetro

central heating *sen-tral hii-tin* calefacción central

centre *sen-tar* centro

ceramic *sa-ra-mik* cerámica

cereals *si-rials* cereales

certificate *sar-ti-fi-kit* certificado

chair *cher* silla

champagne *cham-pein* champán

chance *chans* oportunidad

change *cheinch* cambio

changing rooms *chein-yin ruums* vestuarios

charming *char-min* encantador/encantadora

chat up *chat ap* ligar

cheap *chiip* barato/a

cheat *chiit* tramposo/a

check *chek* revisar

check (bank) *chek (bænk)* cheque

check-in *chek in* facturación de equipajes

checkpoint *chek-point* control

cheese *chiis* queso

chef *chef* cocinero

chemist *ke-mist* farmacéutico/a

chemist *ke-mist* farmacia

chess *ches* ajedrez

chess board *ches bord* tablero de ajedrez

chest *chest* pecho

chewing gum *chu-in gam* chicle

chicken *chi-ken* pollo

chicken breast *chi-ken brest* pechuga

chickpeas *chik-piis* garbanzos

child *chaild* niño/a

child seat *chaild siit* asiento de seguridad para bebés

childminding service *chaild-main-din ser-vis* guardería

children *chil-dren* hijos

chilli *chi-li* guindilla

chilli sauce *chi-li sos* salsa picante

chocolate *cho-ka-leit* chocolate

choose *chuus* escoger

Christian *kris-tian* cristiano/a

Christian name *kris-tian neim* nombre de pila

Christmas *kris-mas* Navidad

Christmas Eve *kris-mas iv* Nochebuena

church *charch* iglesia

cider *sai-dar* sidra

cigar *si-gar* cigarro

cigarette *si-ga-rret* cigarrillo

cigarette lighter *si-ga-rret lai-tar* mechero

cigarette machine *si-ga-rret ma-shin* máquina de tabaco

cigarette paper *si-ga-rret pei-par* papel de liar

cinema *si-na-ma* cine

circus *sir-kas* circo

citizenship *si-ti-sen-ship* ciudadanía

city *si-ti* ciudad

city centre *si-ti sen-tar* centro de la ciudad

city walls *si-ti uols* murallas

civil rights *si-vil raits* derechos civiles

classical *klæ-si-kal* clásico/a

clean *kliin* limpio/a

cleaning *klii-nin* limpieza

client *klaient* clienta/e

cliff *klif* acantilado

climb *klaimb* escalar

cloak *klouk* capa

cloakroom *klouk*·ruum guardarropa

clock klok reloj

close klous cerrar

closed kloust cerrado/a

clothes line klozs lain cuerda para tender la ropa

clothing *klo*·ziŋ ropa

clothing store *klo*·ziŋ stor tienda de ropa

cloud klaud nube

cloudy *klau*·di nublado

clove (garlic) klouv (*gar*·lik) diente de ajo

cloves klouvs clavos

clutch klach embrague

coach kouch entrenador/entrenadora

coast koust costa

cocaine kou·*kein* cocaína

cockroach *ko*·krouch cucaracha

cocoa *kou*·kou cacao

coconut *kou*·ko·nat coco

codeine *kou*·diin codeína

coffee *ko*·fi café

coins koins monedas

cold kould frío/a

cold kould resfriado

colleague *ko*·liig colega

collect call kə·*lekt* kol llamada a cobro revertido

college *ko*·lech residencia de estudiantes

colour *ka*·lər color

colour film *ka*·lər film película en color

comb komb peine

come kom venir

come (arrive) kom (ə·*rraiv*) llegar

comedy *ko*·mə·di comedia

comfortable *kom*·fər·tə·bəl cómodo/a

comunion ko·*miu*·nion comunión

communist *ko*·miu·nist comunista

companion kəm·*pæ*·niən compañero/a

company *kom*·pə·ni compañía

compass *kom*·pəs brújula

complain kəm·*plein* quejarse

computer kəm·*piu*·tər ordenador

computer game kəm·*piu*·tər geims juegos de ordenador

concert *kon*·sert concierto

conditioner kən·*di*·shə·nər acondicionador

condoms *kon*·doms condones

confession kən·*fe*·shən confesión

confirm kən·*firm* confirmar

connection kən·*nek*·shən conexión

conservative kən·*ser*·və·tiv conservador/a

constipation kons·ti·*pei*·shən estreñimiento

consulate *kon*·su·leit consulado

contact lenses *kon*·tækt *len*·ses lentes de contacto

contraceptives kon·trə·*sep*·tivs anticonceptivos

contract *kon*·trakt contrato

convenience store kon·*vi*·niens stor negocio de artículos básicos

convent *kon*·vənt convento

cook kuuk cocinero

cook kuuk cocinar

cookie *kuu*·ki galleta

corn korn maíz

corn flakes korn fleiks copos de maíz

corner *kor*·nər esquina

corrupt kə·*rrapt* corrupto/a

cost kast costar

cottage cheese *ka*·tich chiis requesón

cotton *ko*·ton algodón

cotton balls *ko*·ton bols bolas de algodón

cough kof tos

cough medicine kof *med*·sin jarabe

count kaunt contar

counter *kaun*·tər mostrador

country *kaun*·tri país

countryside *kaun*·tri·said campo

coupon *ku*·pon cupón

courgette kur·*yet* calabacín

court (tennis) kort (*te*·nis) pista

cous cous kus kus cuscús

cover charge *kou*·vər charch precio del cubierto

cow kau vaca

crab kræb cangrejo

crackers *kra*·kers galletas saladas

crafts krafts artesanía

D

crash krash choque
crazy *krei*·si loco/a
cream kriim crema
cream (moisturising) kriim (mois·tiu·*rai*·siŋ) crema hidratante
cream cheese kriim chiis queso crema
credit card *kre*·dit kard tarjeta de crédito
cricket *kri*·ket críquet
crop krop cosecha
crowded *krau*·did abarrotado/a
cucumber kiu·*kam*·bər pepino
cuddle *ka*·dəl abrazo
cup kap taza
cupboard *kap*·bord armario
currency exchange ka·rren·si eks·*cheinch* cambio (de dinero)
current (electricity) ka·rrent (i·lek·*tri*·si·ti) corriente eléctrica
current affairs ka·rrent ə·*fers* informativo
curry *ka*·rri curry
curry powder *ka*·rri *pau*·dər curry en polvo
customs *kas*·təms aduana
cut kat cortar
cutlery *ka*·tlə·ri cubiertos
CV si vi CV
cycle *sai*·kəl andar en bicicleta
cycling *sai*·kliŋ ciclismo
cyclist *sai*·klist ciclista
cystitis sis·*tai*·tis cistitis

D

dad dad papá
daily *dei*·li diariamente
dance dans bailar
dancing *dan*·siŋ bailar
dangerous *dein*·ye·ras peligroso/a
dark dark oscuro/a
date deit citarse
date (a person) deit (æ *per*·son) salir con
date deit fecha
date of birth deit of berz fecha de nacimiento
daughter *dof*·tər hija
dawn don alba

day dei día
day after tomorrow dei *af*·tər tu·*mo*·rrou pasado mañana
day before yesterday dei bi·*for yes*·tər·dei anteayer
dead ded muerto/a
deaf def sordo/a
deal diil repartir
decide di·*said* decidir
deep diip profundo/a
deforestation di·fə·res·*tei*·shən deforestación
degree di·*grii* título
delay di·*lei* demora
delirious di·*li*·riəs delirante
deliver de·*li*·vər entregar
democracy di·*mou*·krə·si democracia
demonstration di·mons·*trei*·shən manifestación
dental floss *den*·təl flos hilo dental
dentist *den*·tist dentista
deny di·*nai* negar
deodorant di·ou·do·rant desodorante
depart di·*part* salir de
department store di·*part*·mənt stor grandes almacenes
departure di·*par*·chər salida
deposit di·*po*·sit depósito
descendant dis·*sen*·dant descendiente
desert di·*sert* desierto
design di·*sain* diseño
destination des·ti·*nei*·shən destino
destroy dis·*troi* destruir
detail di·*teil* detalle
diabetes daia·*bi*·tis diabetes
diaper *daia*·pər pañal
diaphragm *daia*·fræm diafragma
diarrhoea daia·*rria* diarrea
diary *daia*·ri agenda
dice dais dados
dictionary *dik*·shə·nə·ri diccionario
die dai morir
diet *daiet* régimen
different di·*frənt* diferente
difficult di·*fi*·kult difícil
dining car *dai*·niŋ kar vagón restaurante
dinner *di*·nər cena

E

direct dai-rekt directo/a
direct-dial dai-rekt daial marcar directo
director dai-rek-tar director/ra
dirty der-ti sucio/a
disabled di-sei-bal minusválido/a
disco dis-kou discoteca
discount dis-kaunt descuento
discover dis-kou-var descubrir
discrimination dis-kri-mi-nei-shan discriminación
disease di-siis enfermedad
disk disk disco
dive daiv bucear
diving dai-viŋ submarinismo
diving equipment dai-viŋ i-kuip-ment equipo de buceo
dizzy di-si mareado/a
do du hacer
doctor dok-tar doctor/a
documentary do-ku-men-ta-ri documental
dog dog perro/a
dole doul paro
doll dol muñeca
dollar do-lar dólar
domestic flight do-mes-tik flait vuelo doméstico
donkey don-ki burro
door door puerta
dope doup droga
double da-bal doble
double bed da-bal bed cama de matrimonio
double room da-bal ruum habitación doble
down daun abajo
downhill daun-hil cuesta abajo
dozen dou-sen docena
drama dra-ma drama
draw drou dibujar
dream driim soñar
dress dres vestido
dried fruit draid frut fruto seco
drink drink bebida
drink drink beber
drive draiv conducir
drivers licence drai-var lai-sens carnet de conducir

drug drag droga
drug addiction drag a-dik-shan drogadicción
drug dealer drag dii-lar traficante de drogas
drums drams batería
drumstick (chicken) dram-stik (chi-ken) muslo de pollo
drunk drank borracho/a
dry drai secar
duck dak pato
dummy (pacifier) da-mi (pa-si-fa-yar) chupete

E

each iich cada
ear iar oreja
early er-li temprano
earn ern ganar
earplugs iar-plags tapones para los oídos
earrings ii-riŋs pendientes
Earth erz Tierra
Earthquake erz-kueik terremoto
east iist este
Easter iis-tar Pascua
easy ii-si fácil
eat iit comer
economy class i-ko-na-mi klas clase turística
eczema ek-si-ma eczema
editor e-di-tar editor/editora
education e-diu-kei-shan educación
eggplant eg-plænt berenjenas
egg eg huevo
elections i-lek-shans elecciones
electrical store i-lek-tri-kal stor tienda de productos eléctricos
electricity i-lek-tri-si-ti electricidad
elevator e-li-vei-tar ascensor
embarrassed im-bæ-rrast avergonzado/a
embassy em-ba-si embajada
emergency i-mer-yan-si emergencia
emotional i-mou-sha-nal emocional
employee em-plo-yi empleado/a
employer im-plo-yar jefe/a
empty emp-ti vacío/a
end end fin

end end acabar
endangered species in-*dein*-ye-rid *spi*-sis especies en peligro de extinción
engagement in-*geich*-mənt compromiso
engine *en*-yin motor
engineer in-ye-*niər* ingeniero/a
engineering in-yi-*ni*-riŋ ingeniería
England *in*-gland Inglaterra
English *in*-glish inglés
enjoy (oneself) in-*yoi* (uan-*self*) divertirse
enough i-*naf* suficiente
enter *en*-tər entrar
entertainment guide en-tər-*tein*-mənt gaid guía del ocio
envelope *en*-və-loup sobre
environment in-*vai*-rən-mənt medio ambiente
epilepsy e-pi-*lep*-si epilepsia
equal opportunity *i*-kual o-por-*tiu*-ni-tis igualdad de oportunidades
equality i-*kua*-li-ti igualdad
equipment i-*kuip*-mənt equipo
escalator es-kə-*lei*-tər escaleras mecánicas
euro *iu*-ro euro
Europe *iu*-rop Europa
euthanasia iu-zə-*nei*-shiə eutanasia
evening *iv*-niŋ noche
everything *e*-vri-ziŋ todo
example ek-*sam*-pəl ejemplo
excellent *ek*-sə-lənt excelente
exchange eks-*cheinch* cambio
exchange (money) eks-*cheinch* (*mo*-ni) cambiar dinero
exchange rate eks-*cheinch* reit tipo de cambio
exchange (give gifts) eks-*cheinch* (giv gifts) regalar
excluded eks-*klu*-did no incluido
exhaust ik-*sost* tubo de escape
exhibit ek-*si*-bit exponer
exhibition ex-si-*bi*-shən exposición
exit *ek*-sit salida
expensive iks-*pæn*-siv caro/a

experience iks-*pi*-riens experiencia
express eks-*pres* expreso/a
express mail eks-*pres* meil correo urgente
extension (visa) iks-*ten*-shən (*vi*-sa) prolongación
eye ai ojo
eye drops ai drops gotas para los ojos

F

fabric *fæ*-brik tela
face feis cara
face cloth feis kloz toallita
factory *fæk*-tə-ri fábrica
factory worker *fæk*-tə-ri *uor*-kər obrero/a
fall fol caída
family *fæ*-mi-li familia
family name *fæ*-mi-li neim apellido
famous *fei*-məs famoso/a
fan (hand held) fæn (hænd held) abanico
fan (electric) fæn (i-*lek*-trik) ventilador
fanbelt *fæn*-belt correa del ventilador
far far lejos
farm farm granja
farmer *far*-mər agricultor/agricultora
fast fast rápido/a
fat fat gordo/a
father *fa*-dər padre
father-in-law *fa*-dər in lo suegro
fault folt falta
faulty *fol*-ti defectuoso/a
feed fiid dar de comer
feel fiil sentir
feelings *fii*-liŋs sentimientos
fence fens cerca, valla
fencing *fen*-siŋ esgrima
festival *fes*-ti-val festival
fever *fi*-vər fiebre
few fiu pocos
fiancé fi-an-*sei* prometido
fiancée fi-an-*sei* prometida
fiction *fik*-shən ficción
field fiild campo
fig fig higo
fight fait pelea

G

fight against fait ə·genst luchar contra
fill fil llenar
fillet fi·lit filete
film film película
film speed film spiid sensibilidad de la película
filtered fil·trid con filtro
find faind encontrar
fine fain multa
finger fin·gər dedo
finish fi·nish terminar
fire fa·yər fuego
firewood fa·yər·buud leña
first ferst primero/a
first-class ferst klas de primera clase
first-aid kit ferst ed kit maletín de primeros auxilios
fish fish pez
fish fish pescado
fish shop fish shop pescadería
fishing fi·shiŋ pesca
flag flæg bandera
flannel flæ·nəl franela
flashlight flæsh·lait linterna
flat flæt llano/a
flea flii pulga
flooding fla·diŋ inundación
floor floor suelo
florist flo·rist florista
flour fla·uər harina
flower fla·uər flor
flower seller fla·uər se·lər vendedor/a de flores
fly flai volar
foggy fo·gi brumoso/a
follow fo·lou seguir
food fuud comida
food supplies fuud su·plais víveres
foot fuut pie
football fuut·bol fútbol
footpath fuut·paz acera
foreign fo·rein extranjero/a
forest fo·rest bosque
forever fo·re·vər para siempre
forget for·get olvidar
forgive for·giv perdonar
fork fork tenedor
fortnight fort·nait quincena

foul fa·uəl sucio/a
foyer fo·yei vestíbulo
fragile fræ·yail frágil
free frii libre
free (of charge) frii (of charch) gratis
freeze friis helarse
friend frend amigo/a
frost frost escarcha
frozen foods frou·sen fuuds productos congelados
fruit frut fruta
fruit picking frut pi·kiŋ recolección de fruta
fry frai freír
frying pan fra·yiŋ pæn sartén
fuck fak follar
full ful lleno/a
full-time ful taim a tiempo completo
fun fan diversión
funeral fiu·nə·rəl funeral
funny fa·ni gracioso/a
furniture fer·ni·chər muebles
future fiu·chər futuro

G

gay gei gay
general ye·nə·rəl general
Germany yer·ma·ni Alemania
gift gift regalo
gin yin ginebra
ginger yin·yər jengibre
girl gerl chica
girlfriend gerl·frend novia
give giv dar
glandular fever glæn·diu·lər fi·vər fiebre glandular
glass material glas mə·ti·riəl vidrio
glass glas vaso
glasses gla·sis gafas
gloves glavs guantes
go gou ir
go out with gou aut uiz salir con
go shopping gou sho·piŋ ir de compras
goal goul gol
goalkeeper goul·kii·pər portero/a
goat gout cabra
goat's cheese gouts chiis queso de cabra

H

God gad Dios
goggles gu·gəls gafas de submarinismo
golf ball golf bol pelota de golf
golf course golf kurs campo de golf
good guud bueno/a
government ga·vərn·mənt gobierno
gram græm gramo
grandchild grænd·chaild nieto/a
grandfather grænd·fa·dər abuelo
grandmother grænd·mo·dər abuela
grapefruit greip·frut pomelo
grapes greips uvas
graphic art græ·fik art arte gráfico
grass gras hierba
grave greiv tumba
gray grei gris
great greit fantástico/a
green griin verde
green grocery griin·grou·sə·ri verdulería
grocer grou·sər verdulero/a
grey grei gris
grocery grou·sə·ri tienda de comestibles
grow grou crecer
g-string yi striŋ tanga
guess ges adivinar
guide gaid guía audio
guide gaid guía
guide dog gaid dog perro lazarillo
guide book gaid·buuk guía
guided tour gai·did tur circuito guiado
guilty gil·ti culpable
guitar gi·tar guitarra
gum gam chicle
gymnastics yim·næs·tiks gimnasia rítmica
gynaecologist yai·ni·ko·lo·yist ginecólogo

H

hair her pelo
hairbrush her·brash cepillo
hairdresser her·dre·sər peluquero/a
halal hə·lal halal

half half medio/a
half a litre half æ li·tər medio litro
hallucinate hə·lu·si·neit alucinar
ham hæm jamón
hammer hæ·mər martillo
hammock hæ·mək hamaca
hand hænd mano
handbag hænd·bæg bolso
handicrafts hæn·di·krafts artesanía
handlebar hæn·dəl·bar manillar
handmade hænd·meid hecho a mano
handsome hænd·səm hermoso
happy hæ·pi feliz
harassment hæ·rəs·mənt acoso
harbour har·bər puerto
hard hard duro/a
hardware store hard·uer stor ferretería
hash hæsh hachís
hat hæt sombrero
have hæv tener
have a cold hæv æ kould estar constipado/a
have fun hæv fan divertirse
hay fever hei fi·vər alergia al polen
he hi él
head hed cabeza
headache hed·eik dolor de cabeza
headlights hed·laits faros
health helz salud
hear hiər oír
hearing aid hia·riŋ ed audífono
heart hart corazón
heart condition hart kon·di·shən enfermedad cardíaca
heat hiit calor
heater hii·tər estufa
heavy he·vi pesado/a
helmet hel·mit casco
help help ayudar
hepatitis he·pə·tai·tis hepatitis
her her su
herbalist her·bə·list herbolario/a
herbs herbs hierbas
here hiər aquí
heroin he·rou·in heroína
herring he·rriŋ arenque
high hai alto/a

I

high school hai skuul instituto
hike haik ir de excursión
hiking hai-kiŋ excursionismo
hiking boots hai-kiŋ buuts botas de montaña
hiking routes hai-kiŋ ruts caminos rurales
hill hil colina
Hindu hin-du hindú
hire hair alquilar
his his su
historical his-to-ri-kəl histórico/a
hitchhike hich-haik hacer dedo
HIV positive eich ai vi po-si-tiv seropositivo/a
hockey ho-ki hockey
holiday ho-li-dei día festivo
holidays ho-li-deis vacaciones
Holy Week ho-li uiik Semana Santa
homeless houm-les sin hogar
homemaker houm-mei-kər ama de casa
homosexual ho-mou-sek-shuəl homosexual
honey ha-ni miel
honeymoon ha-ni-muun luna de miel
horoscope ha-rəs-koup horóscopo
horse hors caballo
horse riding hors rai-diŋ equitación
horseradish hors-ræ-dish rábano picante
hospital hos-pi-tal hospital
hospitality hos-pi-tæ-li-ti hostelería
hot hot caliente
hot water hot uo-tər agua caliente
hotel ho-tel hotel
house haus casa
housework haus uork trabajo de casa
how hau cómo
how much hau mach cuánto
hug hag abrazo
huge hiuch enorme
human rights hiu-mən raits derechos humanos
humanities hiu-mæ-ni-tis humanidades
hungry han-gri hambriento/a
hungry (to be) han-gri (tu bi) tener hambre

hunting han-tiŋ caza
hurt hərt dañar
husband has-bənd marido

I

I ai yo
ice ais hielo
ice axe ais æks piolet
ice cream ais kriim helado
ice cream parlour ais kriim par-lər heladería
ice hockey ais ho-ki hockey sobre hielo
identification ai-den-ti-fi-kei-shən identificación
identity card ai-den-ti-ti kard carnet de identidad
idiot i-diot idiota
if si si (condicional)
ill il enfermo/a
immigration i-mi-grei-shən inmigración
important im-por-tənt importante
in a hurry in æ ha-rri de prisa
in front of in front of enfrente de
included in-klu-did incluido
income tax in-kam taks impuesto sobre la renta
India in-dia India
indicator in-di-kei-tər indicador
indigestion in-di-yes-tiən indigestión
industry in-dəs-tri industria
infection in-fek-shən infección
inflammation in-fla-mei-shən inflamación
influenza in-flu-en-sa gripe
ingredient in-gri-diənt ingrediente
inject in-yekt inyectarse
injection in-yek-shən inyección
injury in-ya-ri herida
innocent i-no-sent inocente
inside in-said adentro
instructor ins-trak-tər profesor/profesora
insurance in-shu-rəns seguro
interesting in-tres-tiŋ interesante
intermission in-tər-mi-shən descanso
international in-tər-na-shə-nəl internacional

Internet *in-tar-net* internet
Internet café *in-tar-net kæ-fei* cibercafé
interpreter *in-tar-pri-tar* intérprete
intersection *in-tar-sek-shan* cruce
interview *in-tar-viu* entrevista
invite *in-vait* invitar
Ireland *aia-land* Irlanda
iron *aion* plancha
island *ai-land* isla
IT *ai ti* informática
itch *ich* picazón
itemised *ai-ta-maist* detallado/a
itinerary *ai-ti-na-ra-ri* itinerario
IUD *ai iu di* DIU

J

jacket *ya-ket* chaqueta
jail *yeil* cárcel
jam *yæm* mermelada
Japan *ya-pæn* Japón
jar *yar* jarra
jaw *yoo* mandíbula
jealous *ye-las* celoso/a
jeans *yiins* vaqueros
jeep *yiip* jeep
jet lag *yet læg* jet lag, desfase horario
jewellery shop *yu-al-ri shop* joyería
Jewish *yu-ish* judío/a
job *yob* trabajo
jockey *yo-ki* jockey
jogging *yo-gin* footing
joke *youk* broma
joke *youk* bromear
journalist *yer-na-list* periodista
judge *yach* juez
juice *yus* jugo, zumo
jump *yamp* saltar
jumper (sweater) *yam-par (sue-tar)* jersey
jumper leads *yam-par liids* cables de arranque

K

ketchup *ket-chap* salsa de tomate
key *kii* llave
keyboard *kii-bord* teclado
kick *kik* dar una patada

kick (a goal) *kik (æ goul)* meter (un gol)
kill *kil* matar
kilogram *ki-lou-græm* kilogramo
kilometre *ki-lou-mi-tar* kilómetro
kind *kaind* amable
kindergarten *kin-dar-gar-ten* escuela de párvulos
king *kin* rey
kiss *kis* beso
kiss *kis* besar
kitchen *ki-chen* cocina
kitten *ki-ten* gatito/a
kiwifruit *ki-bi-frut* kiwi
knapsack *næp-sæk* mochila
knee *nii* rodilla
knife *naif* cuchillo
know (someone) *nou (som-uan)* conocer
know (something) *nou (som-zin)* saber
Kosher *kou-shar* kosher

L

labourer *lei-ba-rar* obrero/a
lace *leis* encaje
lager *la-gar* cerveza rubia
lake *leik* lago
lamb *læmb* cordero
land *lænd* tierra
landlady *lænd-lei-di* propietaria
landlord *lænd-lord* propietario
languages *læn-ui-chis* idiomas
laptop *læp-top* ordenador portátil
lard *lard* manteca de cerdo
large *larch* grande
late *leit* tarde
laugh *laf* reírse
laundrette *lon-da-ret* lavandería
laundry *lon-dri* lavadero
law *lo* ley
lawyer *lo-yar* abogado/a
leader *lii-dar* líder
leaf *liif* hoja
learn *lern* aprender
leather *le-dar* cuero
leave *liiv* dejar
lecturer *lek-cha-rar* profesor/profesora

M

ledge lech saliente
leek liik puerro
left left izquierda
left behind/over left bi·*haind*/ou·vər dejar, olvidar
left luggage left *la*·gich consigna
left-wing left uiŋ de izquierdas
leg leg pierna
legal *li*·gəl legal
legislation le·yis·*lei*·shən legislación
lemon *le*·mən limón
lemonade le·mə·neid limonada
lens lens objetivo
Lent lent Cuaresma
lentils *len*·təls lentejas
lesbian *les*·biən lesbiana
less les menos
letter *le*·tər carta
lettuce *le*·tius lechuga
liar laiər mentiroso/a
library *lai*·bre·ri biblioteca
lice lais piojos
license plate *lai*·sens pleit matrícula del coche
lie down lai daun tumbarse
life laif vida
lifejacket laif·ya·kit chaleco salvavidas
lift lift ascensor
light lait ligero
light lait luz
light bulb lait balb bombilla
light meter lait *mi*·tər fotómetro
lighter *lai*·tər encendedor
like laik gustar
lime laim lima
line lain línea
lip balm lip balm bálsamo labial
lips lips labios
lipstick *lip*·stik lápiz de labios
liquor store *li*·kər stor bodega
listen *li*·sen escuchar
live liv vivir
liver *li*·vər hígado
lizard *li*·sərd lagartija
local *lou*·kal de cercanías
lock lok cerradura
lock lok cerrar
locked lokt cerrado/a con llave
lollies *lo*·lis caramelos

long loŋ largo/a
long-distance loŋ *dis*·tans a larga distancia
look luuk mirar
look after luuk *af*·tər cuidar
look for luuk for buscar
lookout luuk·aut mirador
lose luus perder
lost lost perdido/a
lost property office lost *pro*·pər·ti o·fis oficina de objetos perdidos
loud laud ruidoso/a
love lav querer
lover *lo*·vər amante
low lou bajo/a
lubricant *lu*·bri·kənt lubricante
luck lak suerte
lucky *la*·ki afortunado/a
luggage *la*·gich equipaje
luggage lockers *la*·gich *lo*·kers consigna automática
luggage tag *la*·gich tæg etiqueta de equipaje
lump lamp bulto
lunch lanch almuerzo
lungs laŋs pulmones
luxury *lak*·shə·ri lujo

M

machine mə·*shin* máquina
made of... meid of... hecho de...
magazine mæ·gə·*sin* revista
magician mə·yi·shən mago/a
mail meil correo
mailbox *meil*·boks buzón
main mein principal
make meik hacer
make fun of meik fan of burlarse de
make-up meik ap maquillaje
mammogram mæ·mə·græm mamograma
man mæn hombre
manager mæ·ni·yər gerente
mandarin mæn·də·rin mandarina
mango mæn·gou mango
manual worker mæ·niu·əl *uor*·kər obrero/a
many *me*·ni muchas/os
map mæp mapa

margarina *mar·* γə·rin margarina
marijuana mæ·ri·ɦua·nə marihuana
marital status mæ·ri·təl *stei·*təs estado civil
market *mar·*kit mercado
marmalade *mar·*mə·leid mermelada
marriage *mæ·*rrich matrimonio
marry *mæ·*rri casarse
martial arts *mar·*shəl arts artes marciales
mass mæs misa
massage *ma·*sich masaje
masseur/masseuse ma·*ser/*ma·*ses* masajista
mat mæt tapete
match mach partido
matches *ma·*chis cerillas
mattress *ma·*tres colchón
maybe *mei·*bi quizá
mayonnaise me·γə·nes mayonesa
mayor *me·*γər alcalde
measles *miis·*les sarampión
meat miit carne
mechanic me·*kæ·*nik mecánico/a
media *mi·*diə medios de comunicación
medicine *med·*sin medicina
meet miit encontrar
melon *me·*lən melón
member *mem·*bər miembro
menstruation mens·tru·*ei·*shən menstruación
menu *me·*niu menú
message *me·*sich mensaje
metal *me·*təl metal
metre *mi·*tər metro
metro station *me·*trou *stei·*shən estación de metro
microwave *mai·*krou·ueiv microondas
midnight *mid·*nait medianoche
migraine *mi·*grein migraña
military service *mi·*li·tə·ri *ser·*vis servicio militar
milk milk leche
millimetre mi·li·*mi·*tər milímetro
million *mi·*lion millón
mince meat mins miit carne picada
mind maind cuidar
mineral water *mi·*nə·rəl *uo·*tər agua mineral

mints mints pastillas de menta
minute *mi·*nit minuto
mirror *mi·*rrər espejo
miscarriage mis·*kæ·*rrich aborto natural
miss mis echar de menos
mistake mis·*teik* error
mix miks mezclar
mobile phone mo·*bail* foun teléfono móvil
modem *mou·*dem módem
moisturiser *mois·*chu·rai·sər crema hidratante
monastery mo·*nəs·*tri monasterio
money *mo·*ni dinero
month monz mes
monument *mo·*niu·mənt monumento
(full) moon (ful) muun luna (llena)
morning *mor·*niŋ mañana
morning sickness *mor·*niŋ *siik·*nes náuseas del embarazo
mosque mosk mezquita
mosquito mos·*ki·*tou mosquito
mosquito coil mos·*ki·*tou koil repelente contra mosquitos
mosquito net mos·*ki·*tou net mosquitera
mother *mo·*dər madre
mother-in-law *mo·*dər in lo suegra
motorboat *mou·*tər·bout motora
motorcycle mou·tər·*sai·*kəl motocicleta
motorway *mou·*tər·uei autovía
mountain *maun·*tein montaña
mountain bike *maun·*tein baik bicicleta de montaña
mountain path *maun·*tein paz sendero
mountain range *maun·*tein reinch cordillera
mountaineering maun·te·*nii·*riŋ alpinismo
mouse maus ratón
mouth mauz boca
movie *mu·*vi película
mud mad lodo
muesli *mius·*li muesli
mum mam mamá
muscle *ma·*sel músculo
museum *miu·*siəm museo

N

mushroom mash-ruum champiñón

music miu-sik música

musician miu-si-shan músico/a

Muslim mus-lim musulmán/a

mussels ma-sals mejillones

mustard mas-tad mostaza

mute miuut mudo/a

my mai mi

N

nail clippers neil kli-pers cortaúñas

name neim nombre

napkin næp-kin servilleta

nappy næ-pi pañal

nappy rash næ-pi ræsh irritación de pañal

national park na-sha-nall park parque nacional

nationality na-sha-næ-li-ti nacionalidad

nature nei-char naturaleza

naturopathy nei-cha-ro-pa-zi naturopatia

nausea no-sia náusea

near miar cerca

nearby niar-bai cerca

nearest nii-rest más cercano/a

necessary ne-si-sa-ri necesario/a

neck mek cuello

necklace ne-kles collar

need miid necesitar

needle mi-dal aguja

needle mi-dal jeringuilla

neither nai-dar tampoco

net met red

Netherlands ne-dar-lands Holanda

never ne-var nunca

new miu nuevo/a

New Year miu yiar Año Nuevo

New Year's Eve niu yiars iv Nochevieja

New Zealand niu sii-land Nueva Zelanda

news mius noticias

news stand miu stænd quiosco

newsagency mius-ei-yan-si quiosco

newspaper mius-pei-par periódico

next mekst el próximo

next to nekst tu al lado de

nice nais simpático/a

nickname nik-neim apodo

night nait noche

no nou no

noisy noi-si ruidoso/a

none nau nada

non-smoking non smou-kin no fumadores

noodles nuu-dals fideos

noon nuun mediodía

north norz norte

nose nous nariz

notebook nout-buuk cuaderno

nothing no-zin nada

now nau ahora

nuclear energy miu-kliar e-nar-yi energía nuclear

nuclear testing niu-kliar tes-tin pruebas nucleares

nuclear waste niu-kliar weist desperdicios nucleares

number nam-bar número

nun nam monja

nurse ners enfermero/a

nuts mats nueces

nuts roasted nats rous-tid nueces tostadas

O

oats aots avena

ocean ou-shan océano

off of pasado/a (comida)

office o-fis oficina

office worker o-fis uor-kar oficinista

offside of-said fuera de juego

often o-fan a menudo

oil oil aceite

old old viejo/a

olive oil o-liv oil aceite de oliva

Olympic Games ou-lim-pik geims juegos olímpicos

on on en

once wans una vez

one-way ticket wan uei ti-ket billete sencillo

onion a-nian cebolla

only on-li solo

open ou-pan abierto/a

open ou-pan abrir

opening hours ou-pa-nin auars horario de apertura

opera *ou·pə·rə* ópera
opera house *ou·pə·rə haus* teatro de la ópera
operation *o·pə·rei·ʃʃan* operación
operator *o·pe·rei·tər* operador/a
opinion *ə·pi·niən* opinión
opposite *o·pə·sit* frente a
or *or* o
orange *o·rinch* naranja
orange *o·rinch* naranja (color)
orange juice *o·rinch yus* zumo de naranja
orchestra *or·kis·trə* orquesta
order *or·dər* orden
order *or·dər* ordenar
ordinary *or·di·nə·ri* corriente
orgasm *or·gæ·səm* orgasmo
original *ə·ri·yi·nəl* original
other *o·dər* otro/a
our *auər* nuestro/a
outside *aut·said* exterior
ovarian cyst *ou·ve·riən sist* quiste ovárico
oven *o·vən* horno
overcoat *ou·vər·kəut* abrigo
overdose *ou·vər·dous* sobredosis
owe *ou* deber
owner *ou·nər* dueño/a
oxygen *ok·si·yən* oxígeno
oyster *ois·tər* ostra
ozone layer *ou·soun lei·ər* capa de ozono

pacemaker *peis·mei·kər* marcapasos
pacifier *pæ·si·fa·yər* chupete
package *pæ·kich* paquete
packet *pæ·kit* paquete
padlock *pæd·lok* candado
page *peich* página
pain *pein* dolor
painful *pein·ful* doloroso/a
painkillers *pein·ki·lərs* analgésicos
paint *peint* pintar
painter *pein·tər* pintor/pintora
painting *pein·tiŋ* pintura
pair/couple *per/ka·pəl* pareja
palace *pæ·las* palacio
pan *pæn* cazuela

pants *pænts* pantalones
panty liners *pæn·ti lai·nərs* salvaeslips
pantyhose *pæn·ti·hous* medias
pap smear *pæp smiər* citología
paper *pei·pər* papel
paperwork *pei·pər·uork* trabajo administrativo
paraplegic *pæ·rə·pli·yik* parapléjico/a
parasailing *pæ·rə·sei·liŋ* esqui acuático con paracaídas
parcel *par·səl* paquete
parents *pa·rənts* padres
park *park* parque
park *park* aparcar
parliament *par·lə·mənt* parlamento
parsley *pars·li* perejil
part *part* parte
part-time *part·taim* a tiempo parcial
party *par·ti* fiesta
party *par·ti* partido político
pass *pas* pase
passenger *pæ·sen·yər* pasajero/a
passport *pas·port* pasaporte
passport number *pas·port nam·bər* número de pasaporte
past *past* pasado
pasta *pæs·tə* pasta
pate *pæ·tei* paté
path *paz* sendero
pay *pei* pagar
payment *pei·mənt* pago
peace *piis* paz
peach *piich* melocotón
peak *piik* cumbre
peanuts *pii·nats* cacahuetes
pear *per* pera
peas *piis* guisantes
pedal *pe·dəl* pedal
pedestrian *pe·des·triən* peatón
pedestrian crossing *pe·des·triən kro·siŋ* paso de cebra
pen *pen* bolígrafo
pencil *pen·sil* lápiz
penis *pi·nis* pene
penknife *pen·naif* navaja
pensioner *pen·sha·nər* pensionista
people *pii·pəl* gente
pepper *pe·pər* pimiento

P

pepper *pe*·pər pimienta
per per por
percent pər·*sent* por ciento
performance pər·*for*·məns actuación
perfume *per*·fium perfume
period pain *pi*·riəd pein dolor menstrual
permission pər·*mi*·shən permiso
permit *per*·mit permiso
permit per·*mit* permitir
person *per*·son persona
perspire pərs·*paiər* sudar
petition pə·*ti*·shən petición
petrol *pe*·trəl gasolina
pharmacy *far*·mə·si farmacia
phone book foun buuk guía telefónica
phone box foun boks cabina telefónica
phone card foun kard tarjeta telefónica
photo *fou*·tou foto
photographer fou·*tou*·grə·fər fotógrafo/a
photography fou·*tou*·grə·fi fotografía
phrasebook *freis*·buuk guía de conversación
pick up pik ap ligar
pickaxe *pi*·kaks piqueta
pickle *pi*·kəl escabeche
picnic *pík*·nik comida en el campo
pie pai pastel
piece piis pedazo
pig pig cerdo
pill pil pastilla
pillow *pi*·lou almohada
pillowcase *pi*·lou·keis funda de almohada
pineapple *pai*·nə·pəl piña
pink pink rosa
pistachio pis·*ta*·kiou pistacho
place pleis lugar
place of birth pleis of berz lugar de nacimiento
plane plein avión
planet *plæ*·nit planeta
plant plænt planta
plant plænt sembrar
plastic *plæs*·tik plástico
plate pleit plato

plateau plæ·*tou* meseta
platform *plæt*·form plataforma
play plei obra de teatro
play plei tocar (instrumento)
play plei jugar
plug plag enchufe
plum plam ciruela
pocket *po*·kit bolsillo
poetry poi·*tri* poesía
point point señalar
point point punto
poisonous *poi*·sə·nəs venenoso/a
poker *pou*·kər póquer
police po·*lis* policía
police station po·*lis stei*·shən comisaría
policy *po*·li·si política
policy *po*·li·si póliza de seguros
politician po·li·*ti*·shən político
politics po·*li*·tiks política
pollen *po*·lən polen
polls pols sondeos
pollution pə·*lu*·shən contaminación
pool puul piscina
poor poor pobre
popular *po*·piu·lər popular
pork pork carne de cerdo
pork sausage pork so·sich chorizo
port port puerto
port port oporto
possible *po*·si·bəl posible
post code poust koud código postal
post office poust o·fis correos
postage *pous*·tich franqueo
postcard *poust*·kard postal
poster *pous*·tər póster
pot pot cazuela
pot pot tiesto
potato pə·*tei*·tou patata
pottery *po*·tə·ri alfarería
pound paund libra esterlina
poverty *po*·vər·ti pobreza
power *pa*·uər poder
prawns prons gambas
prayer *pre*·yər oración
prayer book *pre*·yər buuk devocionario
prefer pri·*fer* preferir

pregnancy test *preg*·nən·si test prueba del embarazo

pregnant *preg*·nənt embarazada

premenstrual tension pri·*mens*·tru·əl *ten*·shən tensión premenstrual

prepare pri·*per* preparar

president *pre*·si·dənt presidente/a

pressure *pre*·shər presión

pretty *pri*·ti bonito/a

prevent pri·*vent* prevenir

price prais precio

priest prest sacerdote

prime minister praim *mi*·nis·tər primer ministro/a

prison *pri*·sən cárcel

prisoner *pri*·so·nər prisionero/a

private *prai*·vet privado/a

private hospital *prai*·vet *hos*·pi·təl clínica privada

produce pro·*dius* producir

profit *pro*·fit beneficio

programme *prou*·græm programa

projector pro·*yek*·tər proyector

promise *pro*·mis promesa

protect prə·*tekt* proteger

protected prə·*tek*·tid protegido/a

protest *prou*·test protesta

protest *prou*·test protestar

provisions prə·*vi*·shəns provisiones

prune prun ciruela pasa

pub pab pub

public telephone *pa*·blik *te*·le·foun teléfono público

public toilet *pa*·blik *toi*·let servicios

pull pul tirar

pump pamp bomba

pumpkin *pamp*·kin calabaza

puncture *pank*·chər pinchar

punish *pa*·nish castigar

puppy *pa*·pi cachorro

pure piur puro/a

purple *par*·pəl lila

push push empujar

put put poner

Q

qualifications kua·li·fi·*kei*·shəns títulos

quality *kua*·li·ti calidad

quarantine *kua*·rən·tin cuarentena

quarrel *kua*·rrəl pelea

quarter *kuor*·tər cuarto

queen kuin reina

question *kues*·tion pregunta

question *kues*·tion cuestionar

queue kiu cola

quick kuik rápido/a

quiet *kua*·yət tranquilo/a

quiet *kua*·yət tranquilidad

quit kuit abandonar

R

R

rabbit *ra*·bit conejo

race reis raza

race reis carrera

racetrack *reis*·trak velódromo

racetrack *reis*·træk circuito de carreras

racetrack *reis*·træk hipódromo

racetrack *reis*·træk pista

racing bike *rei*·siŋ baik bicicleta de carreras

racquet *ræ*·kit raqueta

radiator rei·*diei*·tər radiador

radish *ræ*·dish rábano

railway station *reil*·uei *stei*·shən estación de trenes

rain rein lluvia

raincoat *rein*·kout impermeable

raisin *rei*·sin uva pasa

rally *ræ*·li concentración

rape reip violar

rare rer raro/a

rash ræsh irritación

raspberry *ras*·bə·ri frambuesa

rat rat rata

rate of pay reit of pei salario

raw roo crudo/a

razor *rei*·sər máquina de afeitar

razor blades *rei*·sər bleids cuchillas de afeitar

read riid leer

ready *re*·di preparado, listo

real estate agent riəl steit *ei*·yənt agente inmobiliario

realise rie·*lais* darse cuenta de

realistic riə·*lis*·tik realista

reason *rii*·sən razón

receipt ri·*sipt* recibo

S

receive ri·*siv* recibir
recently *ri*·sen·tli recientemente
recognise re·*kəg*·nais reconocer
recommend re·kə·*mend* recomendar
recording ri·*kor*·diŋ grabación
recyclable ri·*sai*·klə·bəl reciclable
recycle ri·*sai*·kəl reciclar
red red rojo/a
referee re·fə·*rii* árbitro
reference *re*·fə·rəns referencias
refrigerator re·fri·ya·*rei*·tər frigorífico
refugee re·fiu·*yi* refugiado/a
refund *ri*·fand reembolso
refund *ri*·fand reembolsar
refuse ri·*fius* negar
registered mail re·*yis*·tə·rid meil correo certificado
regret ri·*gret* lamentar
relationship ri·*lei*·shən·ship relación
relax ri·*læks* relajarse
relic *re*·lik reliquia
religion ri·*li*·yən religión
religious ri·*li*·yiəs religioso/a
remember ri·*mem*·bər recordar
remote ri·*mout* remoto/a
remote control ri·*mout* kən·*trol* mando a distancia
rent rent alquiler
rent rent alquilar
repair ri·*per* reparar
repeat ri·*piit* repetir
republic ri·pa·blik república
reservation ri·sər·*vei*·shən reserva
reserve ri·*serv* reservar
rest rest descansar
restaurant *res*·tə·rant restaurante
resumé rei·siu·*mei* currículum
retired ri·*tairt* jubilado/a
return ri·*tərn* volver
return ticket ri·*tərn* *ti*·ket billete de ida y vuelta
review ri·*viu* crítica
rhythm *ri*·dəm ritmo
rice rais arroz
rich rich rico/a
ride raid paseo
ride raid montar
right ko·*rrekt* correcto/a

right rait derecha
right-wing *rait* uiŋ derechista
ring riŋ llamada
ring riŋ llamar por teléfono
rip-off rip of estafa
risk risk riesgo
river *ri*·vər río
road roud carretera
rob rob robar
rock rok roca
rock rok rock
rock climbing rok *klaim*·biŋ escalada
rock group rok grup grupo de rock
rollerblading rou·lər·*blei*·diŋ patinar
romantic rou·*mæn*·tik romántico/a
room ruum habitación
room number ruum *nam*·bər número de la habitación
rope roup cuerda
round raund redondo/a
roundabout raund·ə·*baut* glorieta
route rut ruta
rowing *ro*·uiŋ remo
rubbish *ra*·bish basura
rug rag alfombra
rugby *rag*·bi rugby
ruins ruins ruinas
rules ruls reglas
rum ram ron
run ran correr
run out of ran aut of quedarse sin

S

sad sæd triste
saddle *sæ*·dəl sillín
safe seif seguro/a
safe seif caja fuerte
safe sex seif seks sexo seguro
saint seint santo/a
salad *sæ*·ləd ensalada
salary *sæ*·lə·ri salario
sales tax seils taks IVA
salmon *sæ*·mən salmón
salt solt sal
same seim igual
sand sænd arena
sandals *sæn*·dəls sandalias
sanitary napkins *sæ*·ni·tə·ri *næp*·kins compresas

sauna so-na sauna
sausage so-sech salchicha
save seiv salvar
save seiv ahorrar
say sei decir
scale/climb skeill/kilaimb trepar
scarf skarf bufanda
school skuul escuela
science saiens ciencias
scientist saien-tist científico/a
scissors si-sors tijeras
score skor marcar
scoreboard skor-bord marcador
Scotland skot-land Escocia
screen skriin pantalla
script skript guión
sculpture skalp-char escultura
sea sii mar
seasick sii-sik mareado/a
seaside sii-said costa
season sii-son estación
season sii-son temporada
seat siit asiento
seatbelt siit-belt cinturón de
seguridad
second se-kond segundo/a
second se-kond segundo (tiempo)
second-hand se-kond hænd de
segunda mano
secretary se-kra-ta-ri secretario/a
see sii ver
selfish self-fish egoísta
self-service self ser-vis autoservicio
sell sel vender
send send enviar
sensible sen-si-bal prudente
sensual sen-shual sensual
separate se-pa-rit separado/a
separate se-pa-rit separar
series si-ris serie
serious si-rias serio/a
service station ser-vis stei-shan
gasolinera
service charge ser-vis charch carga
several se-va-ral varias/os
sew sau coser
sex seks sexo
sexism sek-si-sam machismo
sexy sek-si sexy

shadow shæ-dou sombra
shampoo shæm-puu champú
shape sheip forma
share (a dorm) sher (æ dorm) compartir habitación
share sher compartir
shave sheiv afeitarse
shaving cream shei-vin kriim espuma de afeitar
she shi ella
sheep shiip oveja
sheet shiit sábana
sheet of paper shiit of pei-par hoja de papel
shelf shelf estante
ship ship barco
ship ship enviar por barco
shirt shert camisa
shoe shop shu shop zapatería
shoes shus zapatos
shoot shuut disparar
shop shop tienda
shoplifting shop-lif-tin hurto
shopping centre sho-pin sen-tar centro comercial
short short bajo/a
short short corto/a
shortage shor-teich escasez
shorts shorts pantalones cortos
shoulders shoul-dars hombros
shout shaut gritar
show shou espectáculo
show shou mostrar
show shou enseñar
shower sha-uar ducha
shrine shrain capilla
shut shat cerrado/a
shut shat cerrar
shy shai tímido/a
sick sik enfermo/a
side said lado
sign sain señal
sign sain firmar
signature sig-na-char firma
silk silk seda
silver sil-var plateado/a
silver sil-var plata
similar si-mi-lar similar
simple sim-pal sencillo/a

since sins desde
sing siŋ cantar
Singapore siŋ·gə·por Singapur
singer sin·gər cantante
single siŋ·gəl soltero/a
single room siŋ·gəl ruum habitación individual
singlet siŋ·glet camiseta
sister sis·tər hermana
sit sit sentarse
size sais talla
skateboarding skeit·bor·diŋ monopatinaje
ski ski esquiar
skiing skiiŋ esquí
skimmed milk ski·mid milk leche desnatada
skin skin piel
skirt skert falda
sky skai cielo
skydiving skai·dai·viŋ paracaidismo
sleep sliip dormir
sleeping bag slii·piŋ bæg saco de dormir
sleeping car slii·piŋ kar coche cama
sleeping pills slii·piŋ pils pastillas para dormir
(to be) sleepy (tu bi) slii·pi tener sueño
slide slaid diapositiva
slow slou lento/a
slowly slou·li despacio
small smol pequeño/a
smell smel olor
smell smel oler
smile smail sonreír
smoke smouk fumar
snack snæk tentempié
snail sneil caracol
snake sneik serpiente
snorkel snor·kəl tubo de bucear
snorkel snor·kəl buceo
snow snou nieve
snowboarding snou·bor·diŋ surf sobre nieve
soap soup jabón
soap opera soup o·pə·rə telenovela
soccer so·kər fútbol

social welfare sou·shəl uel·fər estado del bienestar
socialist sou·shə·list socialista
socks soks calcetines
soft drink soft drink refresco
soldier soul·diər soldado
some som alguno/a
someone som·uan alguien
something som·ziŋ algo
sometimes som·taims de vez en cuando
son son hijo
song soŋ canción
soon suun pronto
sore sor dolorido/a
soup sup sopa
sour cream sauər kriim nata agria
south sauz sur
souvenir su·və·nir recuerdo
souvenir shop su·və·nir shop tienda de regalos
soy milk soi milk leche de soja
soy sauce soi sos salsa de soja
space speis espacio
Spain spein España
sparkling spar·kliŋ espumoso/a
speak spiik hablar
special spe·shəl especial
specialist spe·shə·list especialista
speed spiid velocidad
speeding spii·diŋ exceso de velocidad
speedometer spii·dou·mi·tər velocímetro
spider spai·dər araña
spinach spi·nich espinacas
spoon spuun cuchara
sport sport deportes
sports store sports stor tienda deportiva
sportsperson sports·per·son deportista
sprain sprein torcedura
spring spriŋ muelle
spring spriŋ primavera
square skuer cuadrado
(main) square (mein) skuer plaza (mayor)
stadium stei·diəm estadio

stage steich escenario
stairway ster·uei escalera
stamp stæmp sello
standby ticket stænd·bai ti·ket
billete en lista de espera
stars stars estrellas
start start comenzar
station stei·shən estación
statue stæ·tiu estatua
stay stei quedarse
stay stei alojarse
steak stek bistec
steal stiil robar
steep stiip escarpado/a
step step paso
stereo ste·riou equipo de música
stingy stin·yi tacaño/a
stock stok caldo
stockings sto·kiŋs medias
stomach sta·mək estómago
stomachache sta·mək·eik dolor
de estómago
stone stoun piedra
stoned stound colocado/a
stop stop parada
stop stop parar
storm storm tormenta
story sto·ri cuento
stove stouv cocina de gas
straight streit recto/a
strange streinch extraño/a
stranger strein·yər desconocido/a
strawberry stro·bə·ri fresa
stream striim arroyo
street striit calle
string striŋ cuerda
strong stroŋ fuerte
stubborn sta·bən testarudo/a
student stiu·dent estudiante
studio stiu·diou estudio
stupid stiu·pid estúpido/a
style stail estilo
subtitles sab·tai·təls subtítulos
suburb sa·berb barrio
subway sab·uei metro
suffer sa·fər sufrir
sugar shu·gər azúcar
suitcase sut·keis maleta
summer sa·mər verano

sun san sol
sunblock san·blok kriim crema solar
sunburn san·bern quemadura
de sol
sun-dried tomato san·draid
tə·ma·tou tomate secado al sol
sunflower oil san·fla·uər oil aceite
de girasol
sunglasses san·gla·sis gafas de sol
(to be) sunny (tu bi) sa·ni hace sol
sunrise san·rais amanecer
subset san·set puesta del sol
supermarket su·pər·mar·kit
supermercado
superstition su·pərs·ti·shən
superstición
supporters sə·por·tərs hinchas
surf serf hacer surf
surface mail ser·fis meil por vía
terrestre
surfboard serf·bord tabla de surf
surname ser·neim apellido
surprise ser·prais sorpresa
survive ser·vaiv sobrevivir
sweater sue·tər jersey
sweet suiit dulce
sweets suiits dulces
swim suim nadar
swimming pool sui·miŋ puul
piscina
swimsuit suim·sut bañador
synagogue si·nə·gog sinagoga
synthetic sin·ze·tik sintético/a
syringe si·rinch jeringa

T

table tei·bvl mesa
table tennis tei·bəl te·nis ping pong
tablecloth tei·bəl·kloz mantel
tail teil rabo
tailor tei·lər sastre
take (away) teik (ə·uei) llevar
take teik coger (el tren)
take (photo) teik (fou·tou) sacar
take photographs teik fou·tou·græfs
sacar fotos
talk tolk hablar
tall tol alto/a

T

tampons *tæm-pans* tampones
tanning lotion *tæ-niŋ lou-shan* bronceador
tap *tæp* grifo
tasty *teis-ti* sabroso/a
tax *taks* impuestos
taxi *tak-si* taxi
taxi stand *tak-si stænd* parada de taxis
tea *tii* té
teacher *tii-char* profesor/a
team *tiim* equipo
teaspoon *tiis-puun* cucharita
technique *tek-nik* técnica
teeth *tiiz* dientes
telegram *te-le-græm* telegrama
telephone *te-le-foun* teléfono
telephone *te-le-foun* llamar (por teléfono)
telephone centre *te-le-foun sen-tar* centro telefónico
telescope *te-lis-koup* telescopio
television *te-le-vi-shan* televisión
tell *tel* decir
temperature *tem-pri-char* fiebre
temperature *tem-pri-char* temperatura
temple *tem-pal* templo
tennis *te-nis* tenis
tennis court *te-nis-kort* pista de tenis
tent *tent* tienda de campaña
tent pegs *tent pegs* estacas de tienda de campaña
terrible *te-rra-bal* terrible
test *test* prueba
thank *zank* agradecer
the Pill *da pil* la píldora
theatre *zi-a-tar* teatro
their *der* su
they *dei* ellos/ellas
thief *ziif* ladrón/ladrona
thin *zin* delgado/a
think *zink* pensar
third *zerd* tercio
thirst *zerst* sed
this *dis* este/a

this month *dis monz* este mes
throat *zrout* garganta
ticket *ti-ket* billete
ticket collector *ti-ket ko-lek-tar* revisor/a
ticket machine *ti-ket ma-shin* máquina de billetes
ticket office *ti-ket o-fis* taquilla
tide *taid* marea
tight *tait* apretado/a
time *taim* hora · tiempo
time difference *taim di-fa-rens* diferencia horaria
timetable *taim-tei-bal* horario
tin *tin* lata
tin opener *tin ou-pe-nar* abrelatas
tiny *tai-ni* pequeñito/a · minúsculo
tip *tip* propina
tired *taiad* cansado/a
tissues *ti-shus* pañuelos de papel
toast *toust* tostada
toaster *tous-tar* tostadora
tobacco *ta-bæ-kou* tabaco
tobacconist *ta-bæ-kou-nist* tabaquero
tobogganing *ta-bo-gæ-niŋ* ir en tobogán
today *tu-dei* hoy
toe *tou* dedo del pie
tofu *tou-fu* tofú
together *ta-ge-dar* juntos/as
toilet *toi-let* servicio
toilet paper *toi-let pei-par* papel higiénico
tomato *ta-ma-tou* tomate
tomato sauce *ta-ma-tou sos* salsa de tomate
tomorrow *tu-mo-rrou* mañana
tomorrow afternoon *tu-mo-rrou af-tar-nuun* mañana por la tarde
tomorrow evening *tu-mo-rrou iv-niŋ* mañana por la noche
tomorrow morning *tu-mo-rrou mor-niŋ* mañana por la mañana
tone *toun* tono
tonight *tu-nait* esta noche
too (expensive) *tuu (iks-pæn-siv)* demasiado (caro/a)
tooth *tuuz* diente

tooth (back) *tuuz* (bæk) muela
toothache *tuuz*-eik dolor de muelas
toothbrush *tuuz*-brash cepillo de dientes
toothpaste *tuuz*-peist pasta dentífrica
toothpick *tuuz*-pik palillo
torch torch linterna
touch tach tocar
tour tur excursión
tourist *tu*-rist turista
tourist office *tu*-rist o-fis oficina de turismo
towards tə-*uords* hacia
towel *ta*-uəl toalla
tower *ta*-uar torre
toxic waste *tok*-sik ueist residuos tóxicos
toyshop *toi*-shop juguetería
track (car racing) træk (kar *rei*-siŋ) pista
track (footprints) træk (*fuut*-prints) rastro, huellas
trade treid comercio
traffic *træ*-fik tráfico
traffic light *træ*-fik lait semáforo
trail treil camino
train trein tren
train station trein *stei*-shan estación de trenes
tram træm tranvía
transit lounge *træn*-sit launch sala de tránsito
translate træns-*leit* traducir
transport træns-port medios de transporte
travel *tra*-vəl viajar
travel agency *tra*-vəl *ei*-yen-si agencia de viajes
travel books *tra*-vəl buuks libros de viajes
travel sickness *tra*-vəl *siik*-nes mareo
traveller's cheque *tra*-və-lers chek cheques de viaje
tree trii árbol
trip trip viaje
trousers *trau*-sərs pantalones
truck trak camión

trust trast confianza
trust trast confiar
try trai probar
try (to do something) trai (tu du *som*-ziŋ) intentar (hacer algo)
T-shirt *ti*-shert camiseta
tube tiub cámara de aire
tuna *tiu*-nə atún
tune tiun melodía
turkey *tar*-ki pavo
turn tarn doblar
TV ti vi tele
TV series ti vi *si*-ris series de TV
tweezers *tui*-sərs pinzas
twice tuais dos veces
twin beds tuin beds dos camas
twins tuins gemelos
type taip tipo
type taip escribir a máquina
typical *ti*-pi-kal típico/a
tyre taiər neumático

U

ultrasound *al*-tra-saund ecografía
umbrella am-*bre*-lə paraguas
umpire *am*-paiər árbitro
uncomfortable an-*kam*-fər-tə-bəl incómodo/a
underpants *an*-dər-pænts calzoncillos
underpants *an*-dər-pænts bragas
understand an-dərs-*tænd* comprender
underwear *an*-dər-uear ropa interior
unemployed a-nim-*ploid* en el paro
unfair an-*fer* injusto
uniform *iu*-ni-form uniforme
universe *iu*-ni-vers universo
university iu-ni-*ver*-si-ti universidad
unleaded an-*le*-did sin plomo
unsafe an-*seif* inseguro/a
until (June) ən-*til* (yun) hasta (junio)
unusual an-*iu*-shuəl extraño/a
up ap arriba
uphill ap-*hil* cuesta arriba
urgent *er*-yent urgente
USA iu es ei Estados Unidos
useful *ius*-ful útil

V

vacant *vei*·kənt vacante
vacation və·*kei*·shən vacaciones
vaccination væk·si·*nei*·shən vacuna
vagina və·*yai*·ə vagina
validate *væ*·li·deit validar
valley *væ*·li valle
valuable *væ*·liue·bəl valioso/a
value *væ*·liu valor
van væn caravana
veal viil ternera
vegetable *ve*·yi·tə·bəl verdura
vegetables *ve*·yi·tə·bəl verduras
vegetarian *ve*·yi·*te*·riən
vegetariano/a
vein vein vena
venereal disease ve·*ni*·riəl di·*siis*
enfermedad venérea
venue *ve*·niu lugar de reunión
very *ve*·ri muy
video tape *vi*·diou teip cinta de vídeo
view viu vista
village *vi*·lich pueblo
vine vain vid
vinegar *vi*·ni·gər vinagre
vineyard *vain*·yərd viñedo
virus *vai*·rus virus
visa *vi*·sa visado
visit *vi*·sit visitar
vitamins *vi*·tə·mins vitaminas
vodka *vod*·kə vodka
voice vois voz
volume *vo*·lium volumen
vote vout votar

W

wage ueich sueldo
wait ueit esperar
waiter *uei*·tər camarero/a
waiting room *uei*·tiŋ ruum sala de
espera
walk uolk caminar
wall uol pared
wallet *uo*·let cartera
want uont querer
war uor guerra
wardrobe *uor*·droub vestuario
warm uorm templado/a

warn uorn advertir
wash uosh lavarse
wash uosh lavar
wash cloth uosh kloz toallita
washing machine *uo*·shiŋ mə·*shin*
lavadora
watch uoch reloj de pulsera
watch uoch mirar
water *uo*·tər agua
— **tap** tæp del grifo
— **bottle** *ba*·təl cantimplora
waterfall *uo*·tər·fol cascada
watermelon uo·tər·*me*·lən sandía
waterproof *uo*·tər·pruuf
impermeable
waterskiing *uo*·tər·skiiŋ esquí
acuático
wave ueiv ola
way uei camino
we ui nosotros/nosotras
weak uiik débil
wealthy *uel*·zi rico/a
wear ueər llevar puesto
weather *ue*·dər tiempo
wedding *ue*·diŋ boda
wedding cake *ue*·diŋ keik tarta
nupcial
wedding present *ue*·diŋ *pre*·sent
regalo de bodas
weekend uiik·*end* fin de semana
weigh uei pesar
weight ueit peso
weights ueits pesas
welcome *uel*·kom bienvenida
welcome *uel*·kom dar la bienvenida
welfare *uel*·fer bienestar
well uel bien
well uel pozo
west uest oeste
wet uet mojado/a
what uot que · lo que
wheel uiil rueda
wheelchair *uiil*·cher silla de ruedas
when uen cuando · cuándo
where uer donde · dónde
whiskey uis·*ki* whisky
white uait blanco/a
white-water rafting uait *uo*·tər
ræf·tiŋ rafting

who ḥu quien · quién
why uai por qué
wide uaid ancho/a
wife uaif esposa
win uin ganar
wind uind viento
window uin·dou ventana
window-shopping uin·dou sho·piŋ ver escaparates
windscreen uind·skriin parabrisas
windsurfing uind·ser·fiŋ hacer windsurf
wine uain vino
wineglass uain·glas copa de vino
winery uai·nə·ri bodega
wings uiŋs alas
winner ui·nər ganador/a
winter uin·tər invierno
wire uaiər alambre
wish uish desear
with uiz con
within (an hour) ui·ðin (æn auər) dentro de (una hora)
without ui·zaut sin
woman uo·mən mujer
wonderful uon·dər·ful maravilloso/a
wood buud madera
wool buul lana
word uord palabra
work uork trabajo
work uork trabajar
work experience uork eks·pi·riens experiencia laboral
work permit uork per·mit permiso

de trabajo
workout uork·aut entrenamiento
workshop uork·shop taller
world uold mundo
World Cup uold kap la Copa del Mundo
worms uorms lombrices
worried uo·rrid preocupado/a
worship uor·ship adoración
wrist rist muñeca
write rait escribir
writer rai·tər escritor/a
wrong roŋ equivocado/a

Y

yellow ye·lou amarillo/a
yes yes sí
(not) yet (not) yet todavía (no)
yesterday yes·tər·dei ayer
yoga you·gə yoga
yogurt yo·gərt yogur
you yu usted
you yu tú
young yauŋ joven
your yor su
your yor tu
youth hostel yuz ḥos·təl albergue juvenil

Z

zodiac sou·diæk zodíaco
zoo suu zoológico

A

Diccionario

ESPAÑOL-INGLÉS

español–inglés

A

abajo below bi·*lou*
abanico fan fæn
abarrotado crowded *krau*·did
abeja bee bii
abierto/a open *ou*·pən
abogado/a lawyer *lo*·yər
aborto abortion ə·*bor*·shən
abrazo hug hag
abrebotellas bottle opener *ba*·təl *ou*·pə·nər
abrelatas can opener kæn *ou*·pə·nər • tin opener tin *ou*·pə·nər
abrigo overcoat *ou*·vər·kout
abrir open *ou*·pən
abuela grandmother grænd·*mo*·dər
abuelo grandfather grænd·*fa*·dər
aburrido/a bored bord • boring *bo*·riŋ
acabar end end
acampar camp kæmp
acantilado cliff klif
accidente accident *æk*·si·dent
aceite oil oil
aceptar accept ək·*sept*
acera footpath *fuut*·paz
acondicionador conditioner kən·*di*·shə·nər
acoso harassment *hæ*·rrəs·mənt
activista activist *æk*·ti·vist
actuación performance pər·*for*·məns
acupuntura acupuncture ə·kiu·*pank*·chər
adaptador adaptor ə·*dæp*·tər
adentro inside *in*·said
adivinar guess ges

administración administration ad·mi·nis·*trei*·shən
admitir admit əd·*mit*
adoración worship *uor*·ship
aduana customs *kas*·təms
adulto/a adult ə·*dult*
aeróbic aerobics e·ro·biks
aerolínea airline *er*·lain
aeropuerto airport *er*·port
afeitar (máquina de) razor *rei*·sər
afeitarse shave sheiv
afortunado/a lucky *la*·ki
África Africa æ·fri·ka
agencia de viajes travel agency *tra*·vəl *ei*·yən·si
agenda diary *daia*·ri
agente inmobiliario real estate agent riəl steit *ei*·yənt
agresivo/a aggressive ə·*gre*·siv
agricultor/a farmer *far*·mər
agricultura agriculture ə·gri·*kul*·chər
agua water *uo*·tər
— **caliente** hot water hot *uo*·tər
— **mineral** mineral water *mi*·nə·rəl *uo*·tər
aguacate avocado æ·və·*ka*·dou
aguja needle *nii*·dəl
ahora now nau
ahorrar save seiv
aire air er
— **acondicionado** air-conditioning er kən·*di*·shə·niŋ
ajedrez chess ches
al lado de next to nekst tu
alambre wire uaiər
alba dawn don
albaricoque apricot *ei*·pri·kot

albergue juvenil youth hostel yuz
*h*os·təl
alcachofa artichoke *ar*·ti·shouk
alcohol alcohol *al*·kə·*h*ol
Alemania Germany *yer*·ma·ni
alergia allergy *æ*·ler·yi
alergia al polen hay fever *h*ei *fi*·vər
alfarería pottery *po*·tə·ri
alfombra rug rag
algo something *som*·ziŋ
algodón cotton *ko*·ton
alguien someone *som*·uan
algún some som
alguno/a any *e*·ni
almendras almonds *a*·mənds
almohada pillow *pi*·lou
almuerzo lunch lanch
alojamiento accommodation
ə·ko·mo·*dei*·shən
alojarse stay stei
alpinismo mountaineering
maun·te·*nii*·riŋ
alquilar hire *h*air • rent rent
alquiler rent rent
— de coche car hire kar *h*air
altar altar *ol*·tər
alto/a high *h*ai • tall tol
altura altitude *æl*·ti·tiud
ama de casa homemaker
*h*oum·*mei*·kər
amable kind kaind
amanecer sunrise *san*·rais
amante lover *lo*·vər
amarillo/a yellow *ye*·lou
amigo/a friend frend
ampolla blister *blis*·tər
anacardo cashew nut
kæ·shiu nats
analgésicos painkillers *pein*·ki·lərs
análisis de sangre blood test blad
test
anarquista anarchist *æ*·nər·kist
ancho/a wide uaid
andar walk uolk
animal animal *æ*·ni·mal
Año Nuevo New Year niu yiər
antes before bi·*for*
antibióticos antibiotics
*æ*n·ti·bai·o·tiks

anticonceptivos contraceptives
kon·trə·*sep*·tivs
antigüedad antique *æn*·tik
antiguo/a ancient *ein*·shənt
antiséptico antiseptic *æ*n·ti·*sep*·tik
antología anthology *æ*n·zo·lo·yi
anuncio advertisement
ad·ver·*tais*·mənt
aparcamiento carpark *kar*·park
apellido surname *ser*·neim
apéndice appendix ə·*pen*·diks
apodo nickname *nik*·neim
aprender learn lern
apretado/a tight tait
apuesta bet bet
apuntar point point
aquí here *h*iər
araña spider *spai*·dər
árbitro referee re·fə·*rii*
árbol tree trii
arena sand sænd
armario cupboard *kap*·bord
arqueológico/a archaeological
ar·keo·*lo*·yi·kəl
arquitecto/a architect *ar*·ki·tekt
arquitectura architecture
ar·ki·*tek*·chər
arriba above ə·*bouv* • up ap
arroyo stream striim
arroz rice rais
arte art art
— gráfico graphic art *græ*·fik art
artes marciales martial arts
mar·shəl arts
artesanía crafts krafts
artista artist *ar*·tist
ascensor elevator e·li·*vei*·tər
Asia Asia *ei*·sha
asiento seat siit
— de seguridad para bebés child
seat chaild siit
asma asthma *æs*·mə
aspirina aspirin *æs*·prin
atascado/a blocked blokt
atletismo athletics ə·*zle*·tiks
atmósfera atmosphere *æt*·məs·fiər
atún tuna *tiu*·nə
audífono hearing aid *h*iə·riŋ ed
Australia Australia os·*trei*·liə

B

autobús bus bas
autocar bus *bas*
autódromo track træk
autoservicio self-service self *ser*·vis
autovía motorway *mou*·tər·uei
avenida avenue æ·ve·niu
avergonzado/a embarrassed im·bæ·rrəst
avión plane plein
ayer yesterday *yes*·tər·dei
ayudar help help
azúcar sugar *shu*·gər
azul blue blu

B

bailar dance dans
bajo/a short short • low lou
balcón balcony *bal*·ko·ni
ballet ballet bæ·*lei*
baloncesto basketball *bas*·ket·bol
bálsamo aftershave aftershave *af*·tər·sheiv
bálsamo de labios lip balm lip balm
bañador bathing suit *bei*·ziŋ sut
banco bank bæŋk
bandera flag flæg
bañera bath baz
baño bathroom *baz*·ruum
bar bar bar
barato/a cheap chiip
barco boat bout
barrio suburb sa·*berb*
basura rubbish *ra*·bish
batería battery (coche) bæ·tə·ri • drums (instrumento) drams
bebé baby *bei*·bi
béisbol baseball *beis*·bol
beneficio profit *pro*·fit
berenjenas aubergine ou·bər·*yin* • eggplant *eg*·plænt
besar kiss kis
beso kiss kis
biblia bible *bai*·bəl
biblioteca library *lai*·bre·ri
bicho bug bag
bici bike baik
bicicleta bicycle *bai*·si·kəl
— de carreras racing bike *rei*·siŋ baik

— de montaña mountain bike *maun*·tein baik
bien well uel
bienestar welfare *uel*·fer
bienvenida welcome *uel*·kom
billete ticket *ti*·ket
— de ida y vuelta return ticket ri·*tərn ti*·ket
— de lista de espera standby ticket *stænd*·bai *ti*·ket
billetes de banco banknotes *bæŋk*·nouts
biografía biography bai·o·grə·fi
bistec steak steik
blanco y negro (film) B&W (film) blæk ænd uait (film)
blanco/a white uait
boca mouth mauz
bocado bite bait
boda wedding *ue*·diŋ
bodega winery *uai*·nə·ri • liquor store *li*·kər stor
bol bowl boul
bolas de algodón cotton balls *ko*·ton bols
bolígrafo pen pen
bollos (de pan) rolls rols
bolsillo pocket *po*·kit
bolso bag bæg • handbag *hænd*·bæg
bomba pump pamp • bomb bomb
bombilla light bulb lait balb
bondadoso/a caring *ke*·riŋ
bonito/a pretty *pri*·ti
borde edge ech
(a) bordo aboard ə·*bord*
borracho/a drunk drank
bosque forest *fo*·rest
botas boots buts
— de montaña hiking boots *hai*·kiŋ buts
botella bottle *ba*·təl
botones buttons *ba*·tons
boxeo boxing *bok*·siŋ
bragas underpants *an*·dər·pænts
brazo arm arm
broma joke youk
bronceador tanning lotion *tæ*·niŋ *lou*·shən
bronquitis bronchitis bron·*kai*·tis

brotes de soja bean sprouts bin sprauts
brújula compass *kom·pəs*
brumoso foggy *fo·gi*
buceo snorkelling *snor·kə·liŋ*
budista Buddhist *bu·dist*
bueno/a good *guud*
bufanda scarf *skarf*
buffet buffet *bo·fei*
bulto lump *lamp*
burlarse de make fun of *meik fan of*
burro donkey *don·ki*
buscar look for *luuk for*
buzón mailbox *meil·boks*

C

caballo horse *ḥors*
cabeza head *ḥed*
cabina telefónica phone box *foun boks*
cable cable *kei·bəl*
cables de arranque jumper leads *yam·pər liids*
cabra goat *gout*
cacahuetes peanuts *pii·nats*
cacao cocoa *kou·kou*
cachorro puppy *pa·pi*
cada each *iich*
cadena de bici bike chain *baik chein*
café coffee *ko·fi* • café *kæ·fei*
caída fall *fol*
caja box *boks* • cashier *kæ·shiər*
— fuerte safe *seif*
— registradora cash register *kæsh re·yis·tər*
cajero automático automatic teller machine *o·tə·mæ·tik te·lər mə·shin*
calabacín zucchini *su·ki·ni* • courgette *kur·yet*
calabaza pumpkin *pamp·kin*
calcetines socks *soks*
calculadora calculator *kæl·kiu·lei·tər*
caldo stock *stok*
calefacción central central heating *sen·trəl ḥii·tiŋ*
calendario calendar *kæ·lən·dər*
calidad quality *kua·li·ti*
caliente hot *ḥot*
calle street *striit*

calor heat *ḥiit*
calzoncillos underpants *an·dər·pænts*
calzones boxer shorts *bok·sər shorts*
cama bed *bed*
— de matrimonio double bed *da·bəl bed*
cámara camera *kæ·mə·rə*
cámara de aire tube *tiub*
camarero/a waiter *uei·tər*
cambiar change *cheinch* • exchange *eks·cheinch*
cambio loose change *luus cheinch*
— de dinero currency exchange *ka·rren·si eks·cheinch*
caminar walk *uolk*
camino trail *treil* • way *uei*
caminos rurales hiking routes *ḥai·kiŋ ruts*
camión truck *trak*
camisa shirt *shert*
camiseta singlet *siŋ·glet* • T-shirt *ti shert*
cámping campsite *kæmp·sait*
campo countryside *kaun·tri·said* • field *fild*
Canadá Canada *ka·na·da*
canasta basket *bas·ket*
cancelar cancel *kæn·səl*
cáncer cancer *kæn·sər*
canción song *soŋ*
candado padlock *pæd·lok*
cangrejo crab *kræb*
cansado/a tired *taiəd*
cantante singer *siŋ·gər*
cantar sing *siŋ*
cantimplora water bottle *uo·tər ba·təl*
capa de ozono ozone layer *ou·soun lei·ər*
capilla shrine *shrain*
capote cloak *klouk*
cara face *feis*
caracol snail *sneil*
caramelos lollies *lo·lis*
caravana caravan *kæ·rə·væn* • van *væn* • traffic jam (atasco) *tra·fik yæm*
cárcel prison *pri·sən*
cardenal bruise *brus*

C

DICCIONARIO

carne meat miit
— **de vaca** beef biif
— **picada** mince meat mins miit
carnet licence lai·sens
— **de identidad** identiti card
ai·den·ti·ti kard
— **de conducir** driver licence
drai·vər lai·sens
carnicería butcher's shop bat·chərs
shop
caro/a expensive iks·pæn·siv
carpintero carpenter kar·pin·tər
carrera race reis
carta letter le·tər
cartas cards kards
cartón carton kar·tən • cardboard
kard·bord
casa house haus
(en) casa (at) home (æt) hom
casarse marry mæ·rri
cascada waterfall uo·tər·fol
casco helmet hel·mit
casete cassette kə·set
casi almost ol·moust
casino casino kə·si·nou
castigar punish pa·nish
castillo castle ka·səl
catedral cathedral kə·zi·drəl
católico/a Catholic kæ·zə·lik
caza hunting han·tiŋ
cazuela pot pot
cebolla onion a·niən
celebración celebration
se·li·brei·shən
celebrar celebrate se·li·breit
celoso/a jealous ye·ləs
cementerio cemetery se·mi·tri
cena dinner di·nər
cenicero ashtray æsh·trei
centavo cent sent
centímetro centimetre sen·ti·mi·tər
central telefónica telephone centre
te·le·foun sen·tər
centro centre sen·tər
— **comercial** shopping centre
sho·piŋ sen·tər
— **de la ciudad** city centre
si·ti sen·tər
cepillo hairbrush her·brash

— **de dientes** toothbrush
tuuz·brash
cerámica ceramic sə·ra·mik
cerca fence fens
cerca near niər • nearby niər·bai
cerdo pork (carne) pork • pig
(animal) pig
cereales cereal si·riəls
cerillas matches ma·chis
cerrado/a closed kloust
— **con llave** locked lokt
cerradura lock lok
cerrar close klous • lock lok • shut
shat
certificado certificate sər·ti·fi·kit
cerveza beer bi·ər
— **rubia** lager la·gər
cibercafé Internet café in·tər·net
kæ·fei
ciclismo cycling sai·kliŋ
ciclista cyclist sai·klist
ciego/a blind blaind
cielo sky skai
ciencias science saiens
científico/a scientist saien·tist
cigarrillo cigarette si·gə·rret
cigarro cigar si·gar
cine cinema si·nə·ma
cinta de vídeo video tape vi·diou teip
cinturón de seguridad seatbelt
siit·belt
circuito de carreras racetrack
reis·træk
ciruela plum plam
— **pasa** prune prun
cistitis cystitis sis·tai·tis
cita appointment ə·point·mənt
citarse date deit
citología pap smear pæp smiər
ciudad city si·ti
ciudadanía citizenship si·ti·sen·ship
clase preferente business class
bis·nis klas
clase turista economy class
i·ko·nə·mi klas
clásico/a classical klæ·si·kəl
clienta/e client klaient
clínica private hospital prai·vet
hos·pi·təl

cobrar (un cheque) cash (a cheque) kæsh (æ chek)
coca cocaine kou·kein
cocaína cocaine kou·kein
coche car kar
— cama sleeping car slii·piŋ kar
cocina kitchen ki·chen • stove stouv
cocinar cook kuuk
cocinero chef chef • cook kuuk
coco coconut kou·ko·nat
codeína codeine kou·diin
código postal post code poust koud
cojonudo/a fantastic fæn·tæs·tik
col cabbage kæ·bich
cola queue kiu
colchón mattress ma·tres
colega colleague ko·liig • mate meit
coles de Bruselas Brussels sprouts bra·sels sprauts
coliflor cauliflower ka·li·fla·uər
colina hill hil
collar necklace nek·les
color colour ka·lər
comedia comedy ko·mə·di
comenzar begin be·gin • start start
comer eat iit
comerciante business person bis·nis per·son
comercio trade treid
comezón itch ich
comida food fuud
— de bebé baby food bei·bi fuud
— en el campo picnic pik·nik
comisaría police station pə·lis stei·shən
cómo how hau
cómodo/a confortable kom·for·tə·bəl
compact CD si di
compañero/a companion kəm·pæ·niən
compañía company kom·pə·ni
compartir share (with) sher (uiz)
comprar buy bai
comprender understand an·dərs·tænd
compresas sanitary napkins sæ·ni·tə·ri næp·kins
compromiso engagement in·geich·mənt

comunión communion ko·miu·nion
comunista communist ka·miu·nist
con with uiz
coñac brandy bræn·di
concentración rally ra·li
concierto concert kon·sert
condición cardíaca heart condition hart kon·di·shən
condones condoms kon·doms
conducir drive draiv
conejo rabbit ra·bit
conexión connection kə·nek·shən
confesión confession kən·fe·shən
confianza trust trast
confiar trust trast
confirmar confirm kən·firm
conocer know nou
conocido/a famous fei·məs
consejo advice ad·vais
conservador/a conservative kən·ser·va·tiv
consigna left luggage left la·gich
— automática luggage lockers la·gich lo·kers
construir build bild
consulado consulate kon·su·leit
contaminación pollution pə·lu·shən
contar count kaunt
contestador automático answering machine æn·sə·riŋ mə·shin
contrato contract kon·trakt
control checkpoint chek·point
convento convent kon·vənt
copa drink drink
— de vino wineglass uain·glas
copos de maíz corn flakes korn fleiks
corazón heart hart
cordero lamb læmb
cordillera mountain range maun·tein reinch
correcto/a right rait
correo mail meil
— urgente express mail eks·pres meil
correos post office poust o·fis
correr run ran
corrida de toros bullfight bul·fait
corriente current (electricity) ka·rrent (i·lek·tri·si·ti)

C

ESPAÑOL - INGLÉS

corriente ordinary *or·di·nə·ri*
corrupto/a corrupt *kə·rrapt*
cortar cut *kat*
cortaúñas nail clippers *neil kli·pərs*
corto/a short *short*
cosecha crop *krop*
coser sew *səu*
costa coast *koust* • seaside *sii·said*
costar cost *koust*
crecer grow *grou*
crema cream *kriim*
— **hidratante** cream (moisturising) *kriim (mos·tiu·rai·sin)*
— **solar** sunblock *san·blok*
críquet cricket *kri·ket*
cristiano/a Christian *kris·tiən*
crítica review *ri·viu*
cruce intersection *in·tər·sek·shən*
crudo/a raw *roo*
cuaderno notebook *nout·buuk*
cualificaciones qualifications *kua·li·fi·kei·shəns*
cuando when *uen*
cuánto how much *hau mach*
cuarentena quarantine *kua·rən·tin*
Cuaresma Lent *lent*
cuarto quarter *kuor·tər*
cubiertos cutlery *ka·tlə·ri*
cubo bucket *ba·ket*
cucaracha cockroach *ko·krouch*
cuchara spoon *spuun*
cucharilla teaspoon *tiis·puun*
cuchillas de afeitar razor blades *rei·sər bleids*
cuchillo knife *naif*
cuenta bill *bil*
— **bancaria** bank account *bænk ə·kaunt*
cuento story *sto·ri*
cuerda rope *roup* • string *strin*
— **para tender la ropa** clothes line *klouzs lain*
cuero leather *le·dər*
cuerpo body *bo·di*
cuesta abajo downhill *daun·hil*
cuesta arriba uphill *ap·hil*
cuestionar question *kues·tion*
cuevas caves *keivs*

cuidar care for *ker for* • mind (objetos) *maind*
cuidar de care for *ker for*
culo bum *bam*
culpable guilty *gil·ti*
cumbre peak *piik*
cumpleaños birthday *berz·dei*
currículum resumé *rei·siu·mei*
curry curry *ka·rri*
cuscús cous cous *kus kus*

CH

chaleco salvavidas lifejacket *laif·ya·ket*
champán Champagne *cham·pein*
champiñón mushroom *mash·ruum*
champú shampoo *shæm·puu*
chaqueta jacket *ya·ket*
cheque check *chek*
cheques de viaje traveller's cheque *tra·və·lers chek*
chica girl *gerl*
chicle chewing gum *chu·in gam*
chico boy *boi*
chocolate chocolate *cho·klit*
choque crash *krash*
chorizo salami *sa·la·mi*
chupete dummy *da·mi* • pacifier *pa·si·fa·yər*

D

dados dice *dais*
dañar hurt *hert*
dar give *giv*
— **de comer** feed *fiid*
— **gracias** thanks *zanks*
— **la bienvenida** welcome *uel·kom*
— **una patada** kick *kik*
darse cuenta de realise *rie·lais*
de from *from*
— **(cuatro) estrellas** (four) star *(foor) star*
— **izquierda** left wing *left uin*
— **pena** terrible *te·rrə·bəl*
— **primera clase** first-class *ferst klas*
— **segunda mano** second-hand *se·kond hænd*

— **vez en cuando** sometimes *som·taims*

deber owe *ou*

débil weak *uiik*

decidir decide *di·said*

decir say *sei* • tell *tel*

dedo finger *fin·gar*

— **del pie** toe *tou*

defectuoso/a faulty *fol·ti*

deforestación deforestation *di·fo·res·tei·shan*

dejar leave *liiv* • quit *kuit*

delgado/a thin *zin*

delirante delirious *di·li·rias*

demasiado caro/a too expensive *tuu iks·pæn·siv*

democracia democracy *di·mou·kra·si*

demora delay *di·lei*

dentista dentist *den·tist*

dentro de (una hora) within (an hour) *ui·zin (æn auar)*

deportes sport *sport*

deportista sportsperson *sports·per·son*

depósito deposit *di·po·sit*

derecha right *rait*

derechista right-wing *rait uiŋ*

derechos civiles civil rights *si·vil raits*

derechos humanos human rights *ḥiu·man raits*

desayuno breakfast *brek·fast*

descansar rest *rest*

descanso intermisión *in·tar·mi·shan*

descendiente descendant *di·sen·dant*

descomponerse decompose *di·kom·pous*

descubrir discover *dis·kou·var*

descuento discount *dis·kaunt*

desde (mayo) since (may) *sins (mei)*

desear wish *uish*

desierto desert *di·sert*

desodorante deodorant *di·ou·do·rant*

despacio slowly *slou·li*

desperdicios nucleares nuclear waste *niu·kliar ueist*

despertador alarm clock *a·larm klok*

después de after *af·tar*

destino destination *des·ti·nei·shan*

destruir destroy *dis·troi*

detallado/a itemised *ai·ta·maist*

detalle detail *di·teil*

detener arrest *a·rrest*

detrás de behind *bi·ḥaind*

devocionario prayer book *pre·yar buuk*

día day *dei*

— **festivo** holiday *ho·li·dei*

diabetes diabetes *daia·bi·tis*

diafragma diaphragm *daia·fræm*

diapositiva slide *slaid*

diariamente daily *dei·li*

diarrea diarrhoea *daia·rria*

dieta diet *daiet*

dibujar draw *drou*

diccionario dictionary *dik·sha·na·ri*

diente (de ajo) clove (garlic) *klouv (gar·lik)*

dientes teeth *tiiz*

diferencia horaria time difference *taim di·frans*

diferente different *di·frant*

difícil difficult *di·fi·kult*

dinero money *mo·ni*

— **en efectivo** cash *kæsh*

Dios God *gad*

dirección address *a·dres*

directo/a direct *dai·rekt*

director(a) director *dai·rek·tar*

disco disk *disk*

discoteca disco *dis·kou*

discriminación discrimination *dis·kri·mi·nei·shan*

discutir argue *ar·giu*

diseño design *di·saiŋ*

disparar shoot *shuut*

DIU IUD *ai yu di*

diversión fun *fan*

divertirse enjoy *in·yoi*

doblar turn *tarn* • bend *bend*

doble double *da·bal*

docena dozen *dou·sen*

doctor(a) doctor *dok·tar*

dólar dollar *do·lar*

dolor pain *pein*

E

— de cabeza headache *hed·eik*
— de estómago stomachache *sta·mək·eik*
— de muelas toothache *tuuz·eik*
— menstrual period pain *pi·riəd pein*
dolorido/a sore *sor*
doloroso/a painful *pein·ful*
donde where *uer*
dormir sep *sliip*
dos two *chu*
— camas twin beds *tuin beds*
— veces twice *tuais*
drama drama *dra·mə*
droga drug *drag* • dope *doup*
drogadicción drug addiction *drag ə·dik·shən*
drogas drugs *drags*
ducha shower *sha·uər*
dueño/a owner *ou·nər*
dulce sweet *suiit*
dulces sweets *suiits*
duro/a hard *hard*

E

eczema eczema *ek·si·mə*
edad age *eich*
edificio building *bil·diŋ*
editor(a) editor *e·di·tər*
educación education *e·diu·kei·shan*
egoísta selfish *sel·fish*
ejemplo example *ek·sam·pəl*
ejército military *mi·li·tə·ri*
él he *hi*
elecciones elections *i·lek·shəns*
electricidad electricity *i·lik·tri·si·ti*
elegir pick *pik* • choose *chuus*
ella she *shi*
ellos/ellas they *dei*
embajada embassy *em·bə·si*
embajador(a) ambassador *æm·bæ·sə·dər*
embarazada pregnant *preg·nant*
embarcarse board *bord*
embrague clutch *klach*
emergencia emergency *i·mer·yən·si*
emocional emotional *i·mou·sha·nəl*
empleado/a employee *em·plo·yii*
empujar push *push*

en on *on*
— el extranjero abroad *ə·broud*
— el paro unemployed *a·nim·ploid*
encaje lace *leis*
encantador(a) charming *char·miŋ*
encendedor lighter *lai·tər*
encontrar find *faind* • meet *miit*
encurtidos pickles *pi·kəls*
energía nuclear nuclear energy *niu·kliər e·nər·yi*
enfadado/a angry *æn·gri*
enfermedad disease *di·siis*
— venérea venereal disease *ve·ni·riəl di·siis*
enfermero/a nurse *ners*
enfermo/a sick *sik*
enfrente de in front of *in front of*
enorme huge *hiuch*
ensalada salad *sæ·ləd*
enseñar show *shou•* teach *tiich*
entrar enter *en·tər*
entre among *ə·moŋ* • between *bi·tuin*
entregar deliver *de·li·vər*
entrenador(a) coach *kouch*
entrenamiento workout *uork·aut*
entrevista interview *in·tər·viu*
enviar send *send* • ship off *ship of*
epilepsia epilepsy *e·pi·lep·si*
equipaje luggage *la·gich*
equipo equipment *i·kuip·mənt* • team *tiim*
— de inmersión diving equipment *dai·viŋ i·kuip·mənt*
— de música stereo *ste·riou*
equitación horse riding *hors rai·diŋ*
equivocado/a wrong *roŋ*
error mistake *mis·teik*
escalada rock climbing *rok klaim·biŋ*
escalera stairway *ster·uei*
escaleras mecánicas escalador *es·kə·lei·tər*
escarcha frost *frost*
escarpado/a steep *stiip*
escasez shortage *shor·teich*
escenario stage *steich*
Escocia Scotland *skot·lənd*
escoger choose *chuus*
escribir write *rait*

— a máquina type taip
escritor(a) writer *rai*·tər
escuchar listen *li*·sen
escuela school skuul
— de párvulos kindergarten kin·dər·*gar*·ten
escultura sculpture *skalp*·chər
espacio space speis
espalda back bæk
España Spain spein
especial special *spe*·shəl
especialista specialist *spe*·sha·list
especies en peligro de extinción endangered species in·*dein*·ye·rid *spi*·sis
espectáculo show shou
espejo mirror *mi*·rrər
esperar wait ueit
espinaca spinach *spi*·nich
esposa wife uaif
espuma de afeitar shaving cream *shei*·vin kriim
espumoso/a sparkling *spar*·kliŋ • foamy *fou*·mi
esquí skiing skiiŋ
— acuático waterskiing *uo*·tər·skiiŋ
esquiar ski ski
esquina corner *kor*·nər
esta noche tonight tu·*nait*
este/a this dis
estación season *sii*·son • station *stei*·shən
— de autobuses bus station bas *stei*·shən
— de metro metro station *me*·trou *stei*·shən
— de trenes railway station *reil*·uei *stei*·shən
estacionar park park
estadio stadium *stei*·diəm
estado civil marital status *mæ*·ri·təl *stei*·təs
estado del bienestar social welfare *sou*·shəl *uel*·fer • well being uel biiŋ
Estados Unidos USA yu es ei
estafa rip-off rip of
estanquero tobacconist tə·*bæ*·kou·nist
estante shelf shelf

estar to be tu bi
— constipado/a have a cold hæv æ kould
— de acuerdo agree ə·*grii*
estatua statue *stæ*·tiu
este east iist
esterilla mat mæt
estilo style stail
estómago stomach *sta*·mək
estrellas stars stars
estreñimiento constipation kons·ti·*pei*·shən
estudiante student *stiu*·dənt
estudio studio *stiu*·diou
estufa heater *hii*·tər
estúpido/a stupid *stiu*·pid
etiqueta de equipaje luggage *la*·gich tæg
euro euro *iu*·ro
Europa Europe *iu*·rop
eutanasia eutanasia iu·zə·*nei*·shə
excelente excellent *ek*·sə·lənt
excursión tour tur
excursionismo hiking *hai*·kiŋ
experiencia experience eks·*pi*·riens
— laboral work experience uork eks·*pi*·riens
exponer exhibit ek·*si*·bit
exposición exhibition ex·si·*bi*·shən
exprés express eks·*pres*
exterior outside *aut*·said
extrañar miss mis
extranjero/a foreign fo·*rein*

F

fábrica factory *fæk*·tə·ri
fácil easy *ii*·si
facturación de equipajes check-in chek in
falda skirt skert
falta fault folt
familia family *fæ*·mi·li
fantástico/a great greit
farmacia chemist *ke*·mist • pharmacy *far*·mə·si
farmacéutico chemist *ke*·mist
faros headlights *hed*·laits
fecha date deit

— de nacimiento date of birth
deit of berz
feliz happy ha·pi

G

ferretería hardware store hard·uer
stor
festival festival fes·ti·vəl
ficción fiction fik·shən
fideos noodles nuu·dəls
fiebre fever fi·vər
— glandular glandular fever
glæn·diu·lər fi·vər
fiesta party par·ti
filete fillet fi·lit
film film film
fin end end
— de semana weekend uiik·end
final end end
firma signature sig·nə·chər
firmar sign sain
flor flower fla·uər
florista florist flo·rist
follar fuck fak
folleto brochure bro·chər
footing jogging yo·giŋ
forma shape sheip
fotografía photograph
fou·tou·græf
fotógrafo/a photographer
fou·tou·græ·fər
fotómetro light meter lait mi·tər
frágil fragile fræ·yail
frambuesa raspberry rasp·bə·rri
franela flannel flæ·nəl
franqueo postage poust·eich
freír fry frai
frenos brakes breiks
frente a opposite o·pə·sit
fresa strawberry stro·bə·rri
frío/a cold kould
frontera border bor·dər
fruta fruit frut
fruto seco dried fruit draid frut
fuego fire fa·yər
fuera de juego offside of·said
fuerte strong stroŋ
fumar smoke smouk
funda de almohada pillowcase
pi·lou keis
funeral funeral fiu·ne·ral

fútbol football fut·bol • soccer so·kər
— australiano Australian Rules
football os·trei·lian ruls fut·bol
futuro future fiu·chər

G

gafas glasses gla·sis
— de sol sunglasses san·gla·sis
— de submarinismo goggles gu·gəls
galleta biscuit bis·kit • cookie kuu·ki
galletas saladas biscuits bis·kits •
crackers kra·kers
gambas prawns prons
ganador(a) winner ui·nər
ganar earn ern • win uin
garbanzos chickpeas chik·piis
garganta throat zrout
gasolina petrol pe·trəl
gasolinera service station ser·vis
stei·shən
gatito/a kitten ki·ten
gato/a cat kæt
gay gay gei
gemelos twins tuins
general general ye·nə·rəl
gente people pii·pəl
gimnasia rítmica gymnastics
yim·næs·tiks
ginebra gin yin
ginecólogo gynaecologist
yai·ni·ko·lo·yist
gobierno government
ga·ver·nə·mənt
gol goal goul
goma condom kon·dom • rubber
ra·bər
gordo/a fat fæt
grabación recording ri·kor·diŋ
gracioso/a funny fa·ni
gramo gram græm
grande big big • large larch
grandes almacenes department
store di·part·mənt stor
granja farm farm
gratis free (of charge) frii
(of charch)
grifo tap tæp
gripe influenza in·flu·en·sa
gris grey grei

gritar shout shaut
grupo group grup
— de rock rock band rok bænd
— sanguíneo blood group blad grup
guantes gloves glavs
guardarropa cloakroom *klouk·ruum*
guardería childminding service chaild·*main·*diŋ ser·vis
guerra war uor
guía guide gaid
guía guidebook *gaid·*buuk
— audio guide gaid
— del ocio entertainment guide en·ter·*tein·*mənt gaid
— telefónica phone book foun buuk
guindilla chilli *chi·*li
guión script skript
guisantes peas piis
guitarra guitar gi·*tar*
gustar like laik

H

habitación bedroom *bed·*ruum • room ruum
— doble double room *da·*bəl ruum
— individual single room *siŋ·*gəl ruum
hablar speak spiik • talk tolk
hace sol sunny *sa·*ni
hacer do du • make meik
— dedo hitchhike *hich·*haik
— surf surf serf
— windsurf windsurfing uind·serf
hachís hash hæsh
hacia towards tə·*uords*
— abajo down daun
halal Halal hə·*lal*
hamaca hammock *hæ·*mək
hambriento/a hungry *han·*gri
harina flour fla·uər
hasta until ən·*til*
hecho/a made meid
— a mano handmade *hænd·*meid
— de (algodón) made of (cotton) meid of *(ko·*ton)
heladería ice cream parlour ais kriim *par·*lər
helado ice cream ais kriim
helar freeze friis

hepatitis hepatitis he·pə·*tai·*tis
herbolario herbalist *her·*bə·list
herida injury *in·*yə·ri
hermana sister *sis·*tər
hermano brother *bro·*dər
hermoso/a beautiful *biu·*ti·fol
heroína heroin *he·*rou·in
hielo ice ais
hierba grass gras
hierbas herbs herbs
hígado liver *li·*vər
higos figs figs
hija daughter *dof·*tər
hijo son son
hijos children *chil·*dren
hilo dental dental floss *den·*təl flos
hinchas supporters sə·*por·*tərs
hindú Hindu *hin·*du
hipódromo racetrack *reis·*træk
historial profesional CV si vi
histórico/a historical *his·*to·ri·kəl
hockey hockey *ho·*ki
— sobre hielo ice hockey ais *ho·*ki
hoja leaf liif • sheet (de papel) shiit
hojalata tin tin
Holanda Netherlands *ne·*der·lənds
hombre man mæn
hombros shoulders *shoul·*dərs
homosexual homosexual ho·mou·*sek·*shual
hora time taim
horario timetable *taim·*tei·bəl
horario de apertura opening hours ou·pə·niŋ auərs
hormiga ant ænt
horno oven *o·*vən
horóscopo horoscope ha·rəs·koup
hospital hospital *hos·*pi·təl
hostelería hospitality hos·pi·*tæ·*li·ti
hotel hotel ho·*tel*
hoy today tu·*dei*
hueso bone boun
huevo egg eg
humanidades humanities hiu·*mæ·*ni·tis

I

identificación identification ai·den·ti·fi·*kei·*shən

idiomas languages *læn·ui·chis*
idiota idiot *i·diot*
iglesia church *charch*
igual same *seim*
igualdad equality *i·kua·li·ti*
impermeable raincoat *rein·kout*
impermeable waterproof *uo·tər·pruuf*
importante important *im·por·tənt*
impuesto tax *taks*
— sobre la renta income tax *in·kam taks*
incluido included *in·klu·did*
incómodo/a uncomfortable *an·kam·for·tə·bəl*
India India *in·diə*
indicador indicador *in·di·kei·tər*
indigestión indigestion *in·di·yes·tiən*
industria industry *in·dəs·tri*
infección infection *in·fek·shən*
inflamación inflammation *in·fla·mei·shən*
informática IT *ai ti*
ingeniería engineering *in·ye·ni·riŋ*
ingeniero/a engineer *in·ye·niər*
Inglaterra England *in·gland*
inglés English *in·glish*
ingrediente ingredient *in·gri·diənt*
injusto/a unfair *an·fer*
inmigración immigration *i·mi·grei·shən*
inocente innocent *i·no·sent*
inseguro/a unsafe *an·seif*
instituto high school *hai skuul*
intentar (hacer algo) try (to do something) *trai (tu du som·ziŋ)*
interesante interesting *in·tres·tiŋ*
internacional international *in·tər·na·sha·nəl*
internet internet *in·tər·net*
intérprete interpreter *in·ter·pri·tər*
inundación flooding *fla·diŋ*
invierno winter *uin·tər*
invitar invite *in·vait*
inyección injection *in·yek·shən*
inyectar(se) inject (oneself) *in·yekt (uan·self)*
ir go *gou*

— de compras go shopping *gou sho·piŋ*
— de excursión hike *haik*
— en trineo tobogganing *tə·bou·gæ·niŋ*
Irlanda Ireland *aiə·land*
irritación rash *ræsh*
— de pañal nappy rash *næ·pi ræsh*
isla island *ai·lənd*
itinerario itinerary *ai·ti·nə·rə·ri*
IVA sales tax *seils taks*
izquierda left *left*

J

jabón soap *soup*
jamón ham *hæm*
Japón Japan *yə·pæn*
jarabe cough medicine *kof med·sin*
jardín botánico botanic garden *bə·tæ·nik gar·den*
jarra jar *yar*
jefe/a boss *bos* • leader *lii·dər*
— de sección manager *mæ·ni·yər*
jengibre ginger *yin·yər*
jeringa syringe *si·rinch*
jersey jumper *yam·pər* • sweater *sue·tər*
jet lag jet lag *yet læg*
jockey jockey *yo·ki*
joven young *yauŋ*
joyería jeweller *yu·əl·ri*
jubilado/a retired *ri·taird*
judías beans *biins*
judío/a Jewish *yu·ish*
juegos de ordenador computer games *kəm·piu·tər geims*
juegos olímpicos Olympic Games *ou·lim·pik geims*
juez judge *yach*
jugar play *plei*
jugo juice *yus*
juguetería toyshop *toi·shop*
juntos/as together *tə·ge·dər*

K

kilo kilogram *ki·lou·græm*
kilómetro kilometre *ki·lou·mi·tər*

kiwi kiwifruit *ki*·bi·frut
kosher Kosher *kou*·shər

L

La Copa Mundial World Cup uold kap
labios lips lips
lado side said
ladrón thief zif
lagartija lizard *li*·sərd
lago lake leik
lamentar regret ri·*gret*
lana wool buul
lápiz pensil *pen*·sil
— de labios lipstick *lip*·stik
largo/a long loŋ
lata can kæn
lavadero laundry *lon*·dri
lavadora washing machine *uo*·shiŋ ma·*shin*
lavandería launderette *lon*·də·ret
lavar wash uosh
lavarse wash uosh
leche milk milk
— de soja soy milk soi milk
— desnatada skimmed milk *ski*·mid milk
lechuga lettuce *le*·tius
leer read riid
legal legal *li*·gəl
legislación legislation le·yis·*lei*·shən
legumbre legume le·*gium*
lejos far far
leña firewood *fa*·yər·buud
lentejas lentils *len*·təls
lentes de contacto contact lenses *kon*·tækt *len*·ses
lento/a slow slou
lesbiana lesbian *les*·biən
leve light lait
ley law lo
libra pound paund
libre free frii
librería bookshop *buuk*·shop
libro book buuk
— de frases phrasebook *freis*·buuk
libros de viajes travel books *tra*·vəl buuks

líder leader *lii*·dər
ligar pick up pik ap
lila purple *par*·pəl
lima lime laim
límite de equipaje baggage allowance *bæ*·gich ə·*lo*·uans
limón lemon *le*·mən
limonada lemonade le·mə·*neid*
limpio/a clean kliin
línea line lain
linterna flashlight *flæsh*·lait • torch torch
listo/a ready *re*·di
lo que what uot
local venue *ve*·niu
local local *lou*·kəl
loco/a crazy *krei*·si
lodo mud mad
lombrices earth worms erz uorms
los dos both bouz
lubricante lubricant *lu*·bri·kənt
luces lights laits
luchar contra fight against fait ə·*genst*
lugar place pleis
— de nacimiento place of birth pleis of berz
lujo luxury *lak*·shə·ri
luna moon muun
— llena full moon ful muun
— de miel honeymoon *ha*·ni·muun
luz light lait

LL

llamada phone call foun kol
— a cobro revertido collect call kə·*lekt* kol
llamar por teléfono to make a phone call tu meik æ foun kol
llano/a flan flæt
llave key kii
llegadas arrivals ə·*rrai*·vəls
llegar arrive ə·*rraiv*
llenar fill fil
lleno/a full ful
llevar carry *ka*·rri • wear (llevar puesto) uear
lluvia rain rein

M

M

machismo sexism sek·si·səm
madera wood buud
madre mother mo·dər
madrugada early morning er·li mor·niŋ
mago/a magician mə·yi·shən
maíz corn korn
maleta suitcase sut·keis
maletín briefcase brif·keis
— de primeros auxilios first-aid kit ferst ed kit
malo/a bad bæd
mamá mum mam
mamograma mammogram mæ·mə·græm
mañana tomorrow tu·mo·rrou • morning mor·niŋ
— por la mañana tomorrow morning tu·mo·rrou mor·niŋ
— por la noche tomorrow evening tu·mo·rrou iv·niŋ
— por la tarde tomorrow afternoon tu·mo·rrou af·tər·nuun
mandarina mandarin mæn·də·rin
mandíbula jaw yo
mando a distancia remote control ri·mout kən·trol
mango mango mæn·gou
manifestación demonstration di·mons·trei·shən
manillar handlebar hæn·dəl·bar
mano hand hænd
manta blanket blæn·kit
manteca lard lard
mantel tablecloth tei·bəl·kloz
mantequilla butter ba·tər
manzana apple æpl
mapa map mæp
maquillaje make-up meik ap
máquina machine mə·shin
— de billetes ticket machine ti·ket mə·shin
— de tabaco cigarette machine si·gə·rret mə·shin
mar sea sii
marido husband has·bənd
maravilloso/a wonderful uon·dər·ful

marcador scoreboard skor·bord
marcapasos pacemaker peis·mei·kər
marcar score skor
marea tide taid
mareado/a dizzy di·si •seasick sii·sik
mareo travel sickness tra·vəl sik·nes
margarina margarine mar·yə·rin
marihuana marijuana mæ·ri·ḫua·nə
mariposa butterfly ba·tər·flai
marrón brown braun
martillo hæ·mər
más cercano/a nearest nii·rest
masaje massage ma·sich
masajista masseur ma·ser
matar kill kil
matrícula license plate number lai·sens pleit nam·bər
matrimonio marriage mæ·rrich
mayonesa mayonnaise me·yə·nes
mecánico mechanic mi·kæ·nik
mechero lighter lai·tər
medianoche midnight mid·nait
medias stockings sto·kiŋs • pantyhose pæn·ti·hous
medicina medicine med·sin
médico/a doctor dok·tər
medio ambiente environment in·vai·rən·mənt
medio/a half haf
mediodía noon nuun
medios de comunicación media mi·dia
medios de transporte means of transport miins of træns·port
mejillones mussels ma·səls
mejor better be·tər • best best
melocotón peach piich
melodía tune tiun
melón melon me·lən
mendigo/a beggar be·gər
menos less les
mensaje message me·sich
menstruación menstruation mens·tru·ei·shən
mentiroso/a liar laiər
menú menu me·niu
menudo/a little li·təl
a menudo often o·fən
mercado market mar·kit

mermelada jam yæm • marmalade mar·mə·leid

mes month monz

mesa table tei·bəl

meseta plateau pla·tou

metal metal me·təl

meter (un gol) kick (a goal) kik (æ goul)

metro metre mi·tər

mezclar mix miks

mezquita mosque mosk

mi my mai

microondas microwave mai·krou·ueiv

miel honey ha·ni

miembro member mem·bər

migraña migraine mi·grein

milímetro millimetre mi·li·mi·tər

millón million mi·lion

minusválido/a disabled di·sei·bəl

minuto minute mi·nit

mirador lookout luuk·aut

mirar look luuk • watch uoch

—escaparates window-shopping uin·dou sho·piŋ

misa mass mæs

mochila backpack bæk·pæk

módem modem mou·dem

(carne) molida mince (meat) mins (miit)

mojado/a wet uet

monasterio monastery mo·nəs·tri

monedas coins koins

monja nun nan

monopatinaje skateboarding skeit·bor·diŋ

montaña mountain maun·tein

montar ride raid

— en bicicleta cycle sai·kəl

monumento monument mo·niu·mənt

mordedura bite bait

morir die dai

mosquitera mosquito net mos·ki·tou net

mosquito mosquito mos·ki·tou

mostaza mustard mas·təd

mostrador counter kaun·tər

mostrar show shou

motocicleta motorcycle mou·tər·sai·kəl

motor engine en·yin

motora motorboat mou·tər·bout

muchas/os many me·ni

mudo/a mute miut

muebles furniture fer·ni·chər

muela tooth tuuz

muelle spring spriŋ

muerto/a dead ded

muesli muesli mius·li

mujer woman uo·mən

multa fine fain

mundo world uold

muñeca doll dol • wrist rist

murallas city walls si·ti uols

músculo muscle ma·səl

museo museum miu·siəm

— de arte art gallery art ga·lə·ri

música music miu·sik

músico/a musician miu·si·shən

— ambulante busker bas·kər

muslo drumstick (pollo) dram·stik

musulmán(a) Muslim mus·lim

muy very ve·ri

N

nacionalidad nationality na·shə·næ·li·ti

nada none noun • nothing no·ziŋ

nadar swim suim

naranja orange o·rinch

nariz nose nous

nata agria sour cream sauər kriim

naturaleza nature nei·chər

naturopatía naturopathy nei·cha·ro·pə·zi

náusea nausea no·siə

náuseas del embarazo morning sickness mor·niŋ sik·nes

navaja penknife pen·naif

Navidad Christmas kris·məs

necesario/a necessary ne·si·sə·ri

necesitar need niid

negar deny di·nai

negar refuse ri·fius

negocio business bis·nis

— de artículos básicos convenience store kon·vi·niens stor

O

negro/a black blæk
neumático tyre taiər
nevera refrigerador re·fri·yə·rei·tər
nieto/a grandchild grænd·chaild
nieve snow snou
niño/a child chaild
no no nou
— fumadores non-smoking non smou·kiŋ
— incluido excluded eks·klu·did
noche evening iv·niŋ • night nait
Nochebuena Christmas Eve kris·məs iv
Nochevieja New Year's Eve niu yiərs iv
nombre name neim
— de pila Christian name kris·tiən neim
norte north norz
nosotros/as we ui
noticias news nius
— de actualidad current affairs ka·rrent ə·fers
novia girlfriend gerl·frend
novio boyfriend boi·frend
nube cloud klaud
nublado cloudy klau·di
nueces nuts nats
— tostadas roasted nuts rous·tid nats
nuestro/a our auər
Nueva Zelanda New Zealand niu sii·lənd
nuevo/a new niu
número number nam·bər
— de la habitación room number ruum nam·bər
— de pasaporte passport number pas·port nam·bər
nunca never ne·vər

O

o or or
obra play plei • building site bil·diŋ sait
obrero/a factory worker fæk·tə·ri uor·kər • labourer lei·bə·rər
océano ocean ou·shən
ocupado/a busy bi·si

oeste west uest
oficina office o·fis
— de objetos perdidos lost property office lost pro·pər·ti o·fis
— de turismo tourist office tu·rist o·fis
oír hear ḥiar
ojo eye ai
ola wave ueiv
olor smell smel
olvidar forget for·get
ópera opera ou·pə·rə
operación operation o·pə·rei·shən
opinión opinión ə·pi·niən
oporto port port
oportunidad chance chans
oración prayer pre·yər
orden order or·dər
ordenador computer kəm·piu·tər
— portátil laptop læp·top
ordenar order or·dər
oreja ear iar
orgasmo orgasm or·gæ·səm
original original ə·ri·yi·nəl
orquesta orchestra or·kis·trə
oscuro/a dark dark
ostra oyster ois·tər
otoño autumn o·təm
otra vez again ə·gen
otro/a other o·dər • another ə·no·dər
oveja sheep shiip
oxígeno oxygen ok·si·yən

P

padre father fa·dər
padres parents pa·rənts
pagar pay pei
página page peich
pago payment pei·mənt
país country kaun·tri
pájaro bird berd
palabra word uord
palacio palace pæ·las
palillo toothpick tuuz·pik
pan bread bred
— integral wholemeal bread ḥoul·miil bred
— moreno brown bread braun bred

panadería bakery *bei·kə·ri*
pañal diaper *daia·pər* • nappy *næ·pi*
pantalla screen *skriin*
pantalones pants *pænts* • trousers *trau·sərs*
— cortos shorts *shorts*
pañuelos de papel tisues *ti·shus*
papá dad *dad*
papel paper *pei·pər*
— de liar cigarette paper *si·gə·rret pei·pər*
— higiénico toilet paper *toi·let pei·pər*
paquete packet *pæ·kit* • package *pæ·kich* • wear *ueər*
para llevar to take away *tu teik ə·uei*
parabrisas windscreen *uind·skriin*
paracaidismo skydiving *skai·dai·viŋ*
parada stop *stop*
— de autobús bus stop *bas stop*
— de taxis taxi stand *tak·si stænd*
paraguas umbrella *am·bre·lə*
parapléjico/a paraplegic *pæ·rə·pli·yik*
parar stop *stop*
pared wall *uol*
pareja pair (couple) *per (ka·pəl)*
parlamento parliament *par·lə·mənt*
paro dole *doul*
parque park *park*
— nacional national park *na·shə·nəl park*
parte part *part*
partida de nacimiento birth certificate *berz ser·ti·fi·keit*
partido match (deporte) *mach* • party (político) *par·ti*
pasado past *past*
pasado mañana day after tomorrow *dei af·tər tu·mo·rrou*
pasado/a off (comida) *of*
pasajero passenger *pæ·sen·yər*
pasaporte passport *pas·port*
Pascua Easter *iis·tər*
pase pass *pas*
paseo street *striit*
paso step *step*
— de cebra pedestrian crossing *pe·des·triən kro·siŋ*

pasta pasta *pæs·tə*
— dentífrica toothpaste *tuuz·peist*
pastel cake *keik* • pie *pai*
— de cumpleaños birthday cake *berz·dei keik*
pastelería cake shop *keik shop*
pastilla pill *pil*
pastillas de menta mints *mints*
pastillas para dormir sleeping pills *slii·piŋ pils*
patata potato *pə·tei·tou*
paté pate *pæ·tei*
patinar rollerblading *rou·lər·blei·diŋ* • ice skating *ais skei·tiŋ*
pato duck *dak*
pavo turkey *tar·ki*
paz peace *piis*
peatón pedestrian *pe·des·triən*
pecho chest *chest*
pechuga breast (de pollo) *brest*
pedal pedal *pe·dəl*
pedazo piece *piis*
pedir ask for *ask for*
peine comb *komb*
pelea fight *fait*
película movie *mu·vi* • film (camera) *film (kæ·mə·rə)*
— en color colour film *ka·lər film*
peligroso/a dangerous *dein·ye·rəs*
pelo hair *her*
pelota ball *bol*
— de golf golf ball *golf bol*
peluquero/a hairdresser *her·dre·sər*
pendientes earrings *ii·riŋs*
pene penis *pi·nis*
pensar think *zink*
pensión boarding house *bor·diŋ haus*
pensionista pensioner *pen·sha·nər*
pepino cucumber *kiu·kam·bər*
pequeñito/a tiny *tai·ni*
pequeño/a small *smol*
pera pear *per*
perder lose *luus*
perdido/a lost *lost*
perdonar forgive *for·giv*
perejil parsley *pars·li*
perfume perfume *per·fium*
periódico newspaper *nius·pei·pər*
periodista journalist *yer·nə·list*

P

permiso permission pər·mi·shən • permit per·mit

— de trabajo work permit uork per·mit

permitir allow ə·lou • permit per·mit

pero but bat

perro/a dog dog

perro lazarillo guide dog gaid dog

persona person per·son

pesar/a heavy he·vi

pesar weigh uei

pesas weights ueits

pesca fishing fi·shiŋ

pescadería fish shop fish shop

pescado fish fish

peso weight ueit

petición petition pə·ti·shən

pez fish fish

picadura bite bait

picazón itch ich

pie foot fuut

piedra stone stoun

piel skin skin

pierna leg leg

pila battery bæ·tə·ri

píldora the pill də pil

pimienta pepper pe·pər

pimiento capsicum kæp·si·kəm • bell pepper bel pe·pər

— rojo red capsicum red kæp·si·kəm

— verde green capsicum griin kæp·si·kəm

piña pineapple pai·nə·pəl

pinchar puncture pank·chər

ping pong table tennis tei·bəl te·nis

pintar paint peint

pintor(a) painter pein·tər

pintura painting pein·tiŋ

pinzas tweezers tui·sərs

piojos lice lais

piqueta pickaxe pi·kaks

piquetas tent pegs tent pegs

piscina swimming pool sui·miŋ puul

pista court kort

— de tenis tennis court te·nis kort

pistacho pistachio pis·ta·kiou

plancha iron aion

planeta planet plæ·nit

planta plant plænt

plástico plastic plæs·tik

plata silver sil·vər

plataforma platform plæt·form

plátano banana bə·na·nə

plateado/a silver sil·vər

plato plate pleit

playa beach biich

plaza square skuer

— de toros bullring bul·riŋ

pobre poor poor

pobreza poverty po·vər·ti

pocos few fiu

poder can kæn

poder power pa·uər

poesía poetry poi·tri

polen pollen po·lən

policía police po·lis

política policy po·li·si • politics po·li·tiks

político politician po·li·ti·shən

póliza de seguros policy (insurance) po·li·si (in·shu·rəns)

pollo chicken chi·ken

pomelo grapefruit greip·frut

poner put put

popular popular po·piu·lər

póquer poker pou·kər

por (día) per (day) per (dei)

por ciento percent pər·sent

por qué why uai

por vía aérea air mail er meil

por vía terrestre surface mail sar·fis meil

porque because bi·kos

portero/a goalkeeper goul·kii·pər

posible possible po·si·bəl

postal postcard poust·kard

póster poster pous·tər

potro foal foul

pozo well uel

precio price prais

— de entrada admission price əd·mi·shən prais

— del cubierto cover charge kou·vər charch

preferir prefer pri·fer

pregunta question kues·tion

preguntar ask ask

preocupado/a worried uo·rrid

preocuparse por care (about) ker (ə·*baut*)
preparar prepare pri·*per*
presidente/a president pre·si·dənt
presión pressure pre·shər
— **arterial** blood pressure blad pre·shər
prevenir prevent pri·*vent*
primavera spring spriŋ
primer ministro prime minister praim *mi*·nis·tər
primera ministra prime minister praim *mi*·nis·tər
primero/a first ferst
principal main mein
prisa hurry *ha*·rri
prisionero/a prisoner pri·so·nər
privado/a private *prai*·vet
probar try trai
producir produce pro·*dius*
productos congelados frozen foods *frou*·sen fuuds
profesor(a) lecturer lek·chə·rər • instructor ins·*trak*·tər• teacher *tii*·chər
profundo/a deep diip
programa programme prou·græm
prolongación extension eks·*ten*·shən
promesa promise *pro*·mis
prometida fiancée fi·an·*sei*
prometido fiancé fi·an·*sei*
pronto soon suun
propietaria landlady lænd·*lei*·di
propietario landlord *lænd*·lord
propina tip tip
proteger protect prə·*tekt*
protegido/a protected prə·*tek*·tid
protesta protest *prou*·test
provisiones provisions prə·*vi*·shəns
proyector projector pro·*yek*·tər
prudente sensible *sen*·si·bəl
prueba test test
— **del embarazo** pregnancy test kit *preg*·nən·si test kit
pruebas nucleares nuclear testing *niu*·kliər *tes*·tiŋ
pub bar bar • pub pab
pueblo village *vi*·lich
puente bridge brich
puerro leek liik

puerta door door
puerto port port • harbour *har*·bər
puesta del sol sunset *san*·set
pulga flea flii
pulmones lungs langs
punto point point
puro cigar si·*gar*
puro/a pure piur

Q

(el mes) que viene next (month) nekst (monz)
quedar leave (behind) liiv (bi·*haind*)
quedarse stay (remain) stei (ri·*mein*)
quedarse sin run out of ran aut of
quejarse complain kəm·*plein*
quemadura burn barn
— **de sol** sunburn *san*·bern
querer love lav • want uont
queso cheese chiis
— **crema** cream cheese kriim chiis
— **de cabra** goat's cheese gouts chiis
quien who hu
quincena fortnight *fort*·nait
quiosco news stand niu stænd • newsagency nius·*ei*·yən·si
quiste ovárico ovarian cyst ou·*ve*·riən sist
quizá maybe *mei*·bi

R

rábano radish *ræ*·dish
— **picante** horseradish hors·*ræ*·dish
rápido/a fast fæst
raqueta racket *ræ*·kit
raro/a rare rer
rastro track træk
rata rat rat
ratón mouse maus
raza race reis
razón reason *rii*·sən
realista realistic riə·*lis*·tik
recibir receive ri·*siv*
recibo receipt ri·*sipt*
reciclable recyclable ri·*sai*·klə·bəl
reciclar recycle ri·*sai*·kəl
recientemente recently ri·*sen*·tli

S

recogida de equipajes baggage claim *bæ·gich kleim*
recolección de fruta fruit picking *frut pi·kiŋ*
recomendar recommend *re·kə·mend*
reconocer recognise *re·kəg·nais*
recordar remember *ri·mem·bər*
recorrido guiado guided tour *gai·did turs*
recto/a straight *streit*
recuerdo souvenir *su·və·nir*
red net *net*
redondo/a round *raund*
reembolsar refund *ri·fand*
reembolso refund *ri·fand*
referencias references *re·fə·rən·səs*
refresco soft drink *soft drink*
refugiado/a refugee *re·fiu·yii*
regalar exchange gifts *eks·cheinch gifts*
regalo gift *gift*
— de bodas wedding present *ue·diŋ pre·sent*
régimen diet *daiet*
reglas rules *ruls*
reina queen *kuin*
reírse laugh *laf*
relación relationship *ri·lei·shən·ship*
relajarse relax *ri·læks*
religión religion *re·li·yən*
religioso/a religious *re·li·yiəs*
reliquia relic *re·lik*
reloj clock *klok*
— de pulsera watch *uoch*
remo rowing *ro·uiŋ*
remolacha beetroot *bii·truut*
remoto/a remote *ri·mout*
reparar repair *ri·per*
repartir divide up (share) *di·vaid ap (sher)*
repetir repeat *ri·piit*
república republic *ri·pa·blik*
requesón cottage cheese *ko·tich chiis*
reserva reservation *ri·sər·vei·shan*
reservar book *buuk*
resfriado cold *kould*
residencia de estudiantes college *ko·lech*

residuos tóxicos toxic waste *tok·sik ueist*
respirar breathe *briiz*
respuesta answer *æn·sər*
restaurante restaurant *res·tə·rant*
revisar check *chek*
revisor(a) ticket collector *ti·ket kə·lek·tər*
revista magazine *mæ·gə·sin*
rey king *kiŋ*
rico/a rich *rich*
riesgo risk *risk*
río river *ri·vər*
ritmo rhythm *ri·dəm*
robar rob *rob* • steal *stiil*
roca rock *rok*
rock rock *rok*
rodilla knee *nii*
rojo/a red *red*
rollo repelente contra mosquitos mosquito coil *mos·ki·tou koil*
romántico/a romantic *rou·mæn·tik*
romper break *brek*
ron rum *ram*
ropa clothing *klou·ziŋ*
— de cama bedding *be·diŋ*
— interior underwear *an·dər·ueər*
rosa pink *pink*
roto/a broken *brou·ken*
rueda wheel *uiil*
rugby rugby *rag·bi*
ruidoso/a loud *laud*
ruinas ruins *ruins*
ruta route *rut*

S

sábado Saturday *sæ·tər·dei*
sábana sheet *shiit*
saber know *nou*
sabroso/a tasty *teis·ti*
sacar take out *teik aut* • take (photo) *teik (fou·tou)*
sacerdote priest *prest*
saco de dormir sleeping bag *slii·piŋ bæg*
sal salt *solt*

sala de espera waiting room
uei·tiŋ ruum

sala de tránsito transit lounge
træn·sit launch

salario rate of pay *reit of pei* • salary
sæ·lə·ri

salchicha sausage *so·sich*

saldo balance (account) *ba·lans*
(ə·*kaunt*)

salida departure di·*par*·chər • exit
ek·sit

saliente ledge *lech*

salir con go out with *gou aut uiz*

salir de depart di·*part*

salmón salmon *sæ·mon*

salón de belleza beauty salon *biu·ti*
sæ·lon

salsa sauce *sos*

— de guindilla chilli sauce
chi·li sous

— de soja soy sauce *soi sous*

— de tomate tomato sauce
tə·ma·tou sos • ketchup *ket·chəp*

saltar jump *yamp*

salud health *helz*

salvaeslips panty liners *pæn·ti*
lai·nərs

salvar save *seiv*

sandalias sandals *sæn·dəls*

sandía watermelon *uo·tər·me·lən*

sangrar bleed *bliid*

sangre blood *blad*

santo/a saint *seint*

sarampión measles *miis·les*

sartén frying pan *fra·yiŋ pan*

sastre tailor *tei·lər*

sauna sauna *so·nə*

secar dry *drai*

secretario/a secretary *se·krə·tə·ri*

sed thirst *zerst*

seda silk *silk*

seguir follow *fo·lou*

segundo/a second *se·kond*

seguro insurance *in·shu·rəns*

seguro/a safe *seif*

sello stamp *stæmp*

semáforos traffic lights *træ·fik laits*

Semana Santa Holy Week *ho·li uiik*

sembrar plant *plænt*

semidirecto/a non-direct non
dai·rekt

señal sign *sain*

sencillo/a simple *sim·pəl*

(un billete) sencillo one-way (ticket)
uan uei (*ti·*ket)

sendero mountain path *maun·tein*
paz • path *paz*

senos breasts *brests*

sensibilidad sensitivity *sen·si·ti·vi·ti* •
film speed *film spiid*

sensual sensual *sen·shual*

sentarse sit *sit*

sentimientos feelings *fii·liŋs*

sentir feel *fiil*

separado/a separate *se·pə·rit*

separar separate *se·pə·rit*

ser be *bi*

serie series *si·ris*

serio/a serious *si·riəs*

seropositivo/a HIV positive *eich ai*
vi po·si·tiv

serpiente snake *sneik*

servicio service charge *ser·vis*
charch

— militar military service *mi·li·tə·ri*
ser·vis

— telefónico automático direct-dial
*dai·*rekt daial

servicios toilets *toi·*lets

servilleta napkin *næp·kin*

sexo sex *seks*

— seguro safe sex *seif seks*

sexy sexy *sek·si*

si if (condicional) *if* • yes (afirmación) *yes*

sida AIDS *eids*

sidra cider *sai·dər*

siempre always *ol·ueis*

silla chair *cher*

— de ruedas wheelchair *uiil·cher*

sillín saddle *sæ·dəl*

similar similar *si·mi·lər*

simpático/a nice *nais*

sin without *ui·zaut*

— hogar homeless *hom·les*

— plomo unleaded *an·le·did*

sinagoga synagogue *si·nə·gog*

Singapur Singapore *siŋ·gə·por*

T

sintético/a synthetic sin·ze·tik
soborno bribe braib
sobre about ə·baut • on top of on top of
sobre envelope en·və·loup
sobredosis overdose ou·vər·dous
sobrevivir survive ser·vaiv
socialista socialist sou·shə·list
sol sun san
soldado soldier soul·diər
solo only on·li
solo/a alone ə·loun
soltero/a single siŋ·gəl
sombra shadow shæ·dou
sombrero hat hæt
soñar dream driim
sondeos polls pols
sonreír smile smail
sopa soup sup
sordo/a deaf def
sorpresa surprise ser·prais
su her(de ella) her • his (de él) his • their (de ellos/as) der
subir climb klaimb
submarinismo diving dai·viŋ
subtítulos subtitles sab·tai·təls
sucio/a dirty der·ti
sucursal branch office branch o·fis
sudar perspire pərs·paiər
suegra mother-in-law mo·dər in lo
suegro father-in-law fa·dər in lo
sueldo wage ueich
suelo floor floor
suerte luck lak
suficiente enough i·naf
sufrir suffer sa·fər
sujetador bra bra
supermercado supermarket su·pər·mar·kit
superstición superstition su·pərs·ti·shən
sur south sauz
surf sobre la nieve snowboarding snou·bor·diŋ

T

tabaco tobacco tə·bæ·kou
tabla de surf surfboard serf·bord

tablero de ajedrez chess borrad ches bord
tacaño/a stingy stin·yi
talco baby powder bei·bi pau·dər
talla size sais
taller workshop uork·shop
también also ol·sou
tampoco neither nai·dər
tampones tampons tæm·pəns
tanga g-string yi striŋ
tapones para los oídos earplugs iar·plags
taquilla ticket office ti·ket o·fis
tarde late leit
tarjeta card kard
— de crédito credit card kre·dit kard
— de embarque boarding pass bor·diŋ pas
— de teléfono phone card foun kard
tarta nupcial wedding cake ue·diŋ keik
tasa del aeropuerto airport tax er·port taks
taxi taxi tak·si
taza cup kap
té tea tii
teatro theatre zi·ə·tər
teclado keyboard kii·bord
técnica technique tek·nik
tela fabric fæ·brik
tele TV ti vi
teleférico cable car kei·bəl kar
teléfono telephone te·le·foun
— móvil mobile phone mo·bail foun
— público public telephone pa·blik te·le·foun
telegrama telegram te·le·græm
telenovela soap opera soup ou·pə·rə
telescopio telescope te·lis·koup
televisión television te·le·vi·shən
temperatura temperature tem·pri·chər
templado/a warm uorm
templo temple tem·pəl

temporada season (sport) *sii·son* (sport)

temprano early *er·li*

tenedor fork *fork*

tener have *hæv*

— hambre to be hungry *tu bi han·gri*

— prisa to be in a hurry *tu bi in æ ha·rri*

— sed to be thirsty *tu bi zers·ti*

— sueño to be sleepy *tu bi slii·pi*

tenis tennis *te·nis*

tensión premenstrual premenstrual tension *pri·mens·tru·al ten·shan*

tentempié snack *snak*

tercio third *zerd*

terminar finish *fi·nish*

ternera veal *viil*

ternero calf *kalf*

terremoto earthquake *erz·kueik*

testarudo/a stubborn *sta·ban*

tía aunt *ant*

tiempo time *taim* • weather *ue·dar*

  a — on time *on taim*

  a — completo/parcial full-time/part-time *ful taim/part taim*

tienda (de campaña) tent *tent*

tienda shop *shop*

— de comestibles grocery *grou·sa·ri*

— de fotografía camera shop *kæ·ma·ra shop*

— de electrodomésticos electrical store *i·lek·tri·kal stor*

— de artículos de camping camping store *kæm·piŋ stor*

— de recuerdos souvenir shop *su·va·nir shop*

— de ropa clothing store *klou·ziŋ stor*

— deportiva sports store *sports stor*

Tierra Earth *erz*

tierra land *lænd*

tiesto pot *pot*

tijeras scissors *si·sors*

tímido/a shy *shai*

típico/a typical *ti·pi·kal*

tipo type *taip*

— de cambio exchange rate *eks·cheinch reit*

tirar pull *pul*

tiritas band-aids *bænd eds*

título degree *di·grii*

toalla towel *ta·ual*

toallita face cloth *feis kloz*

tobillo ankle *æn·kal*

tocar touch *tach*

— la guitarra play (guitar) *plei (gi·tar)*

tocino bacon *bei·kan*

todavía (no) (not) yet *(not) yet*

todo all *ol* • everything *e·vri·ziŋ*

tofú tofu *tou·fu*

tomar take *teik* • drink *drink*

tomate tomato *ta·ma·tou*

— secado al sol sun-dried tomato *san draid ta·ma·tou*

tono tone *toun*

torcedura sprain *sprein*

tormenta storm *storm*

toro bull *bul*

torre tower *ta·uar*

tos cough *kof*

tostada toast *toust*

tostadora toaster *tous·tar*

trabajar work *uork*

trabajo job *yob* • work *uork*

— administrativo paperwork *pei·par·uork*

— de camarero/a bar work *bar uork*

— de casa housework *haus·uork*

— de limpieza cleaning *klii·niŋ*

— eventual casual work *kæ·shual uork*

traducir translate *træns·leit*

traer bring *briŋ*

traficante de drogas drug dealer *drag dii·lar*

tráfico traffic *træ·fik*

tramposo/a cheat *chiit*

tranquilo/a quiet *kua·yat*

tranvía tram *træm*

a través across *a·kros*

tren train *trein*

— de cercanías local train *lou·kal trein*

trepar scale *skeil* • climb *klaimb*

tres en raya noughts & crosses noots ænd kro·ses

triste sad sæd

tú you yu

tu your yor

tubo de escape exhaust ek·sost

tumba grave greiv

tumbarse lie dawn lai daun

turista tourist tu·rist

— operador(a) tourist operator tu·rist o·pe·rei·tər

U

uniforme uniform iu·ni·form

universidad university iu·ni·ver·si·ti

universo universe iu·ni·vers

urgente urgent er·yent

usted you yu

útil useful ius·ful

uvas grapes greips

— pasas raisins rei·sins

V

vaca cow kau

vacaciones holidays ho·li·deis • vacation və·kei·shən

vacante vacant vei·kənt

vacío/a empty emp·ti

vacuna vaccination væk·si·nei·shən

vagina vagina və·yai·nə

vagón restaurante dining car dai·niŋ kar

validar validate væ·li·deit

valiente brave breiv

valioso/a valuable væ·liue·bəl

valle valley væ·li

valor value væ·liu

vaqueros jeans yiins

varios/as several se·və·rəl

vaso glass glas

vegetariano/a vegetarian ve·yi·te·riən

vela candle kæn·dəl

velocidad speed spiid

velocímetro speedometer spii·dou·mi·tər

velódromo racetrack reis·træk

vena vein vein

vendaje bandage bæn·dich

vendedor(a) de flores florist flo·rist

vender sell sel

venenoso/a poisonous poi·sə·nəs

venir come kom

ventana window uin·dou

ventilador fan fan

ver see sii

verano summer sa·mər

verde green griin

verdulería greengrocery griin·grou·sə·ri

verdulero/a grocer grou·sər

verduras vegetables ve·yi·tə·bəls

vestíbulo foyer fo·yei

vestido dress dres

vestuario wardrobe uor·droub

vestuarios changing room chein·yiŋ ruum

vez once uans

viajar travel tra·vəl

viaje trip trip

vid vine vain

vida life laif

vidrio glass glas

viejo/a old old

viento wind uind

vinagre vinegar vi·ni·gər

viñedo vineyard vain·yərd

vino wine uain

violar rape reip

virus virus vai·rəs

visado visa vi·sa

visitar visit vi·sit

vista view viu

vitaminas vitamins vi·tə·mins

víveres food supplies fuud su·plais

vivir live liv

vodka vodka vod·kə

volar fly flai

volumen volume vo·lium

volver ri·tərn

votar vote vout

voz voice vois

DICCIONARIO

vuelo doméstico domestic flight
do·*mes*·tik flait

W

whisky whiskey *uis*·ki

Y

y and ænd
ya already ol·*re*·di
yo I ai

yoga yoga *you*·gə
yogur yogurt *yo*·gərt

Z

zanahoria carrot *kæ*·rrət
zapatería shoe shop shu shop
zapatos shoes shus
zodíaco zodiac *sou*·diæk
zoológico zoo suu
zumo juice yus
— de naranja orange juice *o*·rinch yus

Índice

Index

Algunos temas se tratan en varios apartados de la guía. En ese caso,
el número de la página más relevante figura en negrita.